老後親子破産

NHKスペシャル取材班

講談社

はじめに

古希、喜寿、傘寿《さんじゅ》……、日本には長生きを喜び、祝福する風習があり、文化がある。

しかし、いまや〝長寿〟を素直に喜べない時代になっている——。

その背景には、急速に変貌する日本の人口構造がある。

医療の進歩による寿命の延びと、ライフスタイルや価値観の変化などによる少子化傾向。つまり、お年寄り世代が増え、支える側の若者世代が減る——。

医療や介護の社会保障費や、年金などの、国・自治体の支出は膨張し続ける一方で、労働人口はやせ細り、税収は低下し続けていくことが予想されている。かつて経験したことのない超高齢化社会はすでに到来し、さらにこれから数十年にわたり悪化の一途をたどるのだ。

「そんなことは何十年も前から分かっていたはずだった……」

その通り。しかし、人口構造の問題を一気に解決する手段はない。軟着陸させるためには、〝痛み〟をともなう制度の改革・改善など、少しずつ手を打っていくしかないのだ。多くの関係者、有識者が警鐘を鳴らし、国も試みてきたが、結果から言うと十分ではなかった。

「まぁ、なんとかなるんじゃないか」「まだ、大丈夫」

「いままでだってどうにかなってきた。これからだってきっとそうに違いない……」

私たち自身も、そのあまりにも大きな課題にひるみ、直視してこなかったのではないだろうか。

ジワジワと進行してきた超高齢化社会の課題——。

その最初の犠牲者として、社会的弱者であるお年寄りが、いま襲われているのだ。

その現実と向き合うために始まったのが、NHKスペシャル『シリーズ老人漂流社会』だった。これまでに、4本放送している。

『終の棲家はどこに　老人漂流社会』（2013年1月放送）、

『助けてと言えない　孤立する認知症高齢者』（同年11月）、

『〝老後破産〟の現実』（2014年9月）、
そして今回、本書でお伝えする『親子共倒れを防げ』（2015年8月）。

それぞれの内容は後述するとして、私たちが、このシリーズで一貫してこだわってきたのが、〝現場〟に徹したルポ取材だった。〝映像が持つ力〟を最大限に生かして、私たちが抱えていた強い危機感をより広く世の中に伝えたかった。

取材・撮影クルーが切り取ってきた現場は、過酷なまでに悲惨で、どうしようもなく不条理な、いまの日本の姿だった。

真面目に働き、あたたかい家庭を築けば、老後は孫に囲まれ、つつましくも豊かに暮らせる――。

それが〝幻想〟になろうとしていると言うと、言い過ぎだろうか。

本書では、番組ではお伝えしきれなかった詳細な現実をあますことなく書き記したいと思っている。

多くの人が感じているであろう将来への漠然とした不安感――。

その正体を見定め、向き合っていく覚悟を持っていただくきっかけになれば、取材スタッフ一同、これ以上にうれしいことはない。

２０１６年４月

ＮＨＫスペシャル取材班

老後親子破産

目次

老後親子破産

本書に登場する人物の年齢、肩書等は取材当時のものです。

序章　「老後破産」の先に見えてきたこと

「老後は、家族がいれば安心できる」

今まで日本で信じられてきた老後の「安心」は、もはや幻想となりつつある――。

「老後は、家族の存在がむしろリスクにさえなる」

取材の現場で見えてきたのは、頼れる家族のいない高齢者よりも、さらに深刻な現実だった。

それまで、ＮＨＫスペシャル『シリーズ老人漂流社会』では、およそ６００万人に上ると言われる「一人暮らし高齢者」に焦点をあてて、身近に頼れる人がいない厳しい現実を伝えてきた。元気なうちは、一人暮らしは自由で楽しく、快適であっても、経済的に困窮したり、ケガや病気などで誰かの支えが必要になったりすると、途端に窮地に立たされる。

そして、病気が重くなったり、足腰が弱ったりして車いすや寝たきりの状態になると、一人暮らしが維持できなくなるケースも少なくない。そうなれば、施設などに入所することなるわけだが、そこには施設不足の壁——施設が不足しているというより、それを上回るスピードで高齢者が増えている——、結果的に1ヵ所に長くいられず施設や病院などを転々とする「漂流」が始まる。

また、一人暮らしで経済的に困窮すると——年金だけでは暮らしていけない多くの人が破綻すると——生活保護を受けることになる。そうなると、自宅を処分せざるを得なくなったり、家賃の低い住宅などに移るように言われたりするなど、自分の意思で「終の住処」を選ぶこともできなくなる。『老人漂流社会』というシリーズ番組で伝えてきたのは、「自分で自分の老後を選べない」という厳しい現実だ。

なぜ、高齢者が経済的に追いつめられていくのか、それを突き詰めて取材して見えてきたのが「老後破産」の現実だ。一人暮らしの高齢者は、自分の収入だけで暮らしていかなくてはならない。しかし、年金だけでは医療や介護さえ十分に受けられないという高齢者が増え続けているのだ。

しかし、厳しい状況におかれているのは「一人暮らし」の人たちだけなのだろうか……。

家族がいても、老後破産は避けられない——そうした「老後破産」の広がりを伝えたのが、２０１５年8月に放送したＮＨＫスペシャル『老人漂流社会　親子共倒れを防げ』だ。番組では、親の介護が理由で、仕事を辞めて同居した中高年の人たちが、親の年金で介護を続けるうちに「老後破産」に陥ったケースを紹介した。さらに、非正規で働く子どもが自立できずに中年になっても親を頼って同居を続け、高齢の親が働き続けなければならないケースなど、同居する家族が高齢になった親の負担増を招き、「老後破産」状態に陥ってしまうケースが増えているのだ。

放送後、多くの家族から「老後破産」が自分の身にも襲いかかりかねない、という反響をいただいた。番組のホームページに寄せられた中には、切実な訴えもあった。

「決して他人事とは思えない状況で、わたしも、その一人だと思われます。将来が本当に不安です。厳しい状態です。自死しかないのでしょうか？」（50代女性）

「私は20代後半で、両親が要介護状態となり、技術開発の職を辞め、二人を介護してきました。二人は数年前に他界し、今は一人暮らしの天涯孤独の身です。財産はすべて両親の介護に使い、今はもう破産の一歩手前を、派遣で働くことで生きています。早くお迎えがくることを望みながら、今を生きている次第です」（40代男性）

「現在、正社員で雇用されていますが、友人と比較すると年収でダブルスコア、トリプルスコアです。非正規就労だけが収入が不安定ということではありません。未婚、低所得で自分の老後が不安です。大学まで出してもらった両親に、孫の顔も見せられなくて申し訳ないです。両親がいなくなったら税金の支払いもできません。これが現実」(40代女性)

「番組に出てきた人のどこが『深刻』なのですか。私は55歳で、32歳の娘はアトピーと喘息で、多くて週に4回働いて手取り8万円ほど。私も掃除の仕事で10万前後。確実に『共倒れ』の先行きです。生きていくことは厳しいのは当たり前です。ひっそり静かに死ぬ覚悟をして腹をくくりましょう」(50代女性)

「老後破産」の問題は、当初、自分の年金だけで暮らしていかなくてはならない「単身高齢者」の問題だと我々スタッフは捉えていた。一人暮らしのお年寄りにとって、生計の糧は年金収入だ。離れて暮らす家族がいる人もいるだろうが、家族には頼らず、自分の年金だけで生活しなくてはならない高齢者が増えている。このように、年金だけでは生活していくだけでやっとの状態で、医療や介護が必要になっても十分に受けられずに追いつめられてしまう高齢者が増えている現実を「老後破産」と呼ぶことにし、NHKスペシャル『老人漂流社会 〝老後破産〟の現実』（2014年9月）で伝えた。

しかし、家族がいても「老後破産」が避けられない厳しい現実が広がっていることを知ったのは、続編の取材に走っている渦中だった。

「老後破産」の続編で何をテーマにするのか――、ディレクターの津田恵香が取材に向かったのは秋田県だった。津田は、出発前に秋田を取材する意味をこう語っていた。

「今回、私たちが取材した、老後破産寸前で追い詰められていくお年寄りたちは、皆、異口同音に『死にたい』と訴えていました。この言葉の意味に迫りたい。それには、自殺対策に力を入れている秋田県を取材することで突破口が見えてくると思うんです」

その2日後、出張先の秋田から戻ってきた津田は興奮気味に取材報告をまくしたてた。

「一人暮らしだけが問題ではありません。苦しんでいるのは、一人暮らしの人たちだけじゃないんです。もちろん、一人暮らしの高齢者が経済的に追いつめられて自殺してしまうケースもあるそうなのですが、支援の現場で問題になっているのは、家族に迷惑をかけたくなくて自殺してしまうといったケースなんです」

秋田の取材現場で遭遇したのは、高齢者が「家族がいるから大丈夫」ということではなく、「家族がいるからこそ苦しんでいる」という新たな事態の広がりだった。その時に、津田ディレクターから報告された、ある家族のケースが忘れられない。

一人暮らしをしていた高齢の母親が娘夫婦と孫と同居することになった。高齢の母親をほうっておけない娘夫婦は非正規の仕事をしながら、母親の年金と合わせてギリギリの暮らしをしてきた。しかし、そんな暮らしは長く続かなかった。母親は大病を患った。手術や入院の費用を払う余裕は家族にはなかった。そのことが母親を追いつめていった。

「医療費を娘たちに負担させるぐらいだったら、自分が死んでしまった方がいい……」

追いつめられた母親は自ら命を絶った。覚悟の末の自殺だった。

残された娘夫婦はどれほど苦しんだことだろうか——娘夫婦の心情を測ると胸が締め付けられた。しかし、そんなことを母親が予測できないはずはない。たとえ苦しめることになったとしても——自分が生きることで娘夫婦や孫にまで迷惑をかけてしまうなら——将来の娘夫婦のために最善の選択だと信じて、亡くなっていったのだろう。

津田の報告はそれだけではなかった。秋田県藤里町では、福祉施策の一環として「ひきこもりの支援」を継続的に行っている。そうした〝ひきこもり〟がジワジワと増えているというのだ。しかも、増えているのは、いったん都会に働きに出た子どもたちが、失業などを機に、戻ってきてから〝ひきこもり〟となってしまうケースだった。フリーターが中高年になって、年齢や体力の衰えから仕事を失ってしまったり、非正規で働いていた人が、突然、仕事を打ち切られて生活が維持できなくなったりして、故郷に戻ってくる人が増えていたのだ。

私たちが、2005年、『ワーキングプア』をテーマにした番組の取材をしていた頃、地方では、新卒の若者の就職先が不足し、仕事を求めて大都市周辺に若者が流出する現象が続いていた。とりわけ、就職が厳しかった1990年代後半に出て行った20代～30代の若者たちが40代～50代の中高年になって仕事を失って――高齢の親の介護をきっかけにという人も少なくない――親元に戻ってくるという〝逆流現象〟を引き起こし始めている。

『ワーキングプア』の当時から、一緒に担当してきた鎌田靖キャスターは、その取材報告を伝えると大きくうなずいた。

「結局、これが失われた20年だったのではないか。『ワーキングプア』の時に日本社会が抱えてしまった問題が、こうして一巡して、地方で深刻な問題として顕在化しているというのは、今、指摘すべき問題だ」

同様に、『ワーキングプア』からすべての現場で撮影を担当してきたカメラマンの宝代智夫は、レンズを通して深刻な実態を見続けてきた。その宝代が打ち合わせで話したのは、カメラで切り取りたいのは「大切な家族と一緒に暮らすことで『破産』状態に陥ってしまう皮肉な現実」ということだった。

「一人暮らしで孤立しがちなお年寄りの問題は、もちろん指摘すべきだ。しかし、今回は『家族が一緒に暮らしている』からこそリスクを抱えてしまうという現実だ。家族一緒に暮らしたい、という当たり前の願いがかなわなくなっている矛盾を伝えるために現場に立ちたい」

非正規で働いていた子どもが親と同居を始め、共倒れのリスクを抱えてしまう、「親子共倒れ」の実態をつかむために、「取材地を札幌にしよう」と提言したのは、プロデューサーの嶺洋一だった。札幌局で勤務した経験のある嶺は、就職が厳しい地方都市こそ、こうした事態が深く進行しているはずだと考えた。

札幌局に出向いた私たちを迎えたのが、当時、札幌局でプロデューサーをしていた前田浩志だった。自動車業界を長く取材した経験のある前田は「是非、札幌でやりたい。適任がいる」とディレクターの三隅吾朗を推した。三隅は、NHKのディレクターとして採用される以前、非正規で働いた経験を持つ、異色のディレクターだった。

「自分だからこそ、共倒れの不安が理解できるし、伝えたい思いがある」

こうしてシリーズ『老人漂流社会』を立ち上げから続けてきたプロデューサーの板垣淑子にとって、今回もまた、強力な取材スタッフが集い、プロジェクトチームが発足した。

高齢者になっても家族の支えが得られれば、安心して暮らせるはずではなかったのか——支え合って暮らしたいという家族が「同居」という形を選ぶことでリスクを抱えてしまうというのは、なぜなのか。

ワーキングプアや無縁社会、そして単身高齢者の孤立問題を取材し続けてきた私たちは、「親子共倒れ」という時代の局面に向き合った。

そして、私たちは取材に走り出した。

家族がいても〝老後破産〟が避けられない

第一章

親子同居世帯に広がる新たな「老後破産」

「親子共倒れ」がどれぐらい広がっているのか――各地を取材していく中で、選んだ取材現場のひとつが札幌市厚別区だった。低所得者対策を積極的に進めている厚別区では、2015年4月に施行された「生活困窮者自立支援法」に先駆けて、厚生労働省のモデル事業として2014年度から高齢者の相談窓口「生活・就労支援センター」を設置して、高齢者などから生活上のさまざまな相談を受けている。その相談件数を分析し、どういった相談が多いのか傾向を見ていくと「30代～50代の子世代についての相談」がおよそ半数に上るという結果が出た。やはり、同居傾向が進んでいる――相談結果はそれを裏付けるひとつだった。

相談内容を具体的に見ていくと、もっとも多いのは「子どもの失業」についての相談だった。これも「親子共倒れ」の現象を裏付けるものだ。それ以外にも、「子どもの仕事の収入が安定しない」、「子どもに正社員の仕事が見つからない」といったもので、同居する子どもの仕事や収入を不安視している相談がほとんどだった。

厚別区の高齢者世帯にどんな変化が起きているのか、お年寄りの見守り活動などで接する機会の多い民生委員に話を聞いた。すると、多くの委員が「高齢化が進んでいた町に、中高年の子どもが失業や介護をきっかけに戻ってきて、親と同居する」という世帯が目立って増えていて、気になっていると話してくれた。

かつて2006年、「就職が厳しい地方都市から大都市部への若者の流出」という取材で札幌を訪れたことがある。高校を卒業したばかりの若者たちが「正社員にこだわらなくても、就職先が見つからない」とこぼしていた。そこに目をつけた大手自動車メーカーの下請け工場が、札幌市内の貸しビルの会議室で「派遣社員募集」の説明会を開催していた。会場には多くの若者たちが詰めかけていた。

時代が変わり、派遣社員の仕事が厳しさを増した今、札幌に非正規の仕事を失った人たちが出戻り始めている。もちろん、札幌市内の求人の厳しさは相変わらずだ。戻ってきても、安定した仕事を探すことは難しい。高齢の親の「年金頼み」になっている世帯が多いことがうかがえた。

厚別区の中心部、新札幌駅は、JRと地下鉄が乗り継げる交通の便が良い場所だ。駅に降り立つと、商業施設や科学館、水族館などが駅周辺に立ち並び、にぎやかな街並みだ。しかし、通勤時間帯をのぞけば、駅周辺でも人の姿はまばらで、閑散としている。札幌の中心街に通勤するサラリーマンの住宅開発が進められた厚別区には、大規模な市営住宅が点在している。新札幌駅の近くには、新しく建設された一見、高層マンションと見間違えそうな立派な市営住宅も林立している。昭和40年代に建てられた市営住宅が新しく建て替えとなったものだという。そのためなのか、入居者は古くから団地で暮らしてきたお年寄りが目立つ。年金暮らしの高齢者や生活保護の受給者などが多い。

そうした市営団地の中でも、「高齢の親と子どもが同居する世帯が増えている」と民生委員が話してくれたのが「もみじ台団地」だった。「もみじ台団地」は、新札幌駅からバスで10分ほどだが、バスの便が少ないため、歩いていくと最低20分以上かかる。「最低20分」というのは、団地が広すぎて、駅から近い場所で20分、遠いと40分はかかるほどの巨大団地なのだ。団地の中を歩くと、真ん中を貫く大通り沿いに、どこまでも団地が立ち並ぶ光景がずっと続いている。

もみじ台団地が建設されたのは昭和46年（1971年）、団塊ジュニアが誕生した時代だ。すでに築40年を超える古い建物で、5階建てだがエレベーターは付いていない。建設当初、市営団地は、収入に応じた家賃の減免措置もあって、預貯金のない若い世帯でも安心して入居できたことから、すぐに満室に近い状態となったという。その後、自分の家を建てて、団地を離れていった人たちもいるが、ここに長く住んでいる人たちも少なくない。年金など、収入が少なくても「家賃の減免措置」があるため、収入に応じて家賃が安く抑えられることから、別の場所へ移り住む余裕のない低年金の高齢者などは団地に暮らし続けているとみられている。そのため、およそ5000世帯（9834人）の4割を65歳以上の高齢者が占めている。

私たちは、厚別区の高齢者世帯の変化について詳しく実態を調査するため、民生委員協議会と共同でアンケート調査を実施することにした。実際に、中高年の子どもがどのぐらい親のもとへ戻っているのか、把握するためだ。さらにアンケートを分析し、どういった理由で親と再び同居を開始したのか、同居した後、生活困窮に陥っている世帯がどの程度あるのか、把握することにした。このアンケートに応じてくれた世帯のうち、典型的な家族を深く取材することにした（アンケートの結果については後述）。

その典型的な家族のひとつ、もみじ台団地で出会ったのが、安田義昭さん（80歳）だった。

子どもとの同居が「老後破産」の引き金に……

「子どもの失業をきっかけに同居が始まった」とアンケートに回答した安田義昭さん。もっと詳しく話を聞かせてもらおうと団地を訪ねたのは２０１５年５月のことだった。札幌は、５月になっても春らしい暖かさはなく、寒い日が続いていた。冷たい風が吹く団地を歩いて、安田さんの家へ向かった。表札を確認してインターホンを押すと、ドアの向こうから「はい」とか細い声が聞こえた。

しばらくドアの外で待っていると、安田義昭さんが顔を出し「どうぞ」とドアを開けてくれた。外出の予定がないためか、白いTシャツにスウェットのパンツという軽装の義昭さんは、痩《や》せていて、面長の顔には深いしわが刻まれていた。じっと、こちらの様子をうかがう目の奥に、もの悲しい光を帯びているのが第一印象だった。玄関先で挨拶を交わすと、奥にある居間に通された。玄関を入るとすぐに台所と居間があった。居間に入って、すぐに目に入ったのは、テレビの前に敷かれたままの布団だった。義昭さんは、一人で過ごす昼間の時間帯は、居間で寝たり起きたりの生活をしていた。ふと部屋を見渡すと、壁や棚、冷蔵庫など、家のあちこちに家族写真が飾られていた。義昭さんの若いころの写真もある。まだ幼い息子と写した記念写真だろうか。

「アンケートにも答えていらっしゃいましたが、息子さんが戻っていらっしゃったんですよね？」

肝心の「親子の同居」について聞こうと質問すると、義昭さんは、ぽつり、ぽつりと話し始めた。

「息子が去年、突然、戻ってきて一緒に住んでいるんだ。それまでは息子は働いて別居していたんだがな」

話を聞いているうちに、45歳の息子と同居が始まったのには、二つの理由があることが分かった。ひとつは、息子が失業し、収入がなくなったため、親を頼ったという側面だ。もうひとつは、義昭さんが脳梗塞を患ったため、後遺症で身体が自由に動かせなくなった父親を心配した息子が、同居して支えたいと思うようになったという側面だ。ちょうど同じ時期に、二つの出来事が重なり、同居を決断したのだという。

話している最中に、トイレなどで何度か立ち上がると、そのたびに義昭さんは身体を動かすのがとても辛いとこぼしていた。

「家のことができないんだよ。脳梗塞をやってから、身体が動かしにくくてね」

部屋は、中年の息子と高齢の義昭さんという男所帯とは思えないほど、掃除も行き届いていた。息子と同居した後も、掃除や片付けは、几帳面な性格の義昭さんがやってきた。しかし、脳梗塞の後遺症で手足も思うように動かせないため、掃除や洗濯ひとつひとつに膨大な時間がかかる。また、高いところへ手を伸ばしても届かないといった「できないこと」が日増しに多くなっている、と寂しそうに言っていた。

「息子さんは、普段、お家にいらっしゃらないんですか？」

なぜ、まだ元気な息子に家事を任せないのか、不思議に思って聞いてみると、仕事をしているために、家にいることはほとんどないと答えてくれた。

「仕事をしているからね。朝出ると、夜まで帰って来ないし、ほとんど家にいないよ」

息子の昭男さんは失業を機に親と同居したものの、少しでも家計を助けたいと派遣会社に登録し、日払いの仕事をしている。日給7500円から食費などを差し引くと、手元に残るのは5000円ほど。仕事がある時も、ない時もあり、収入は安定しない。少しでも良い条件の仕事を探しているが、見つからないという。そのため、家計を助ける余裕がなく、生活費のほとんどは義昭さんの年金で賄っている。

「生活していくのは、大変だ。光熱費や家賃なんかの毎月の支払いは、年金で間に合わないんだよ。年金が振り込まれても、ほとんどがそういう支払いでもっていかれるから、生活費も残らないしね。年金の振り込みは偶数の月だから、奇数の月が一番苦しいんだ」

父親の義昭さんと同居する前、息子の昭男さんは一人暮らしだった。昭男さんは20代で結婚していたが、その後、30代で離婚した。元妻との間に、子どもが一人いた。話し合いの結果、昭男さんが引き取ることになった。しかし、朝から晩まで正社員として働いていた昭男さんは、仕事をしながら子どもの面倒を見る余裕がなく、父親の義昭さんに預けて働いてきた。定年退職した義昭さんは、年金で孫の面倒を見ながら、二人暮らしをしていたのだ。そこに昭男さんが戻って、男3人の暮らしとなった。

義昭さんの年金収入は月額9万5000円。市営団地の家賃2万円と光熱費や保険料を払うと、手元に残るのは4万円ほど。生活していくだけでやっとだった。タクシー運転手を70歳まで続けていたという義昭さんに、働いている年数の割には年金の額が少ないのではないかと聞くと、職を転々としてきたからだと答えてくれた。

「いろいろやったな、若い時は。もともとは家がクリーニング屋でね。アイロンかけたりとか、そんなクリーニングの職人だった。それから、左官をやったこともあったな。職人の仕事が性に合っていたんだ。それから運送会社行ってね。その後、一番長いのがタクシー運転手だったな」

仕事を転々としていた時、会社が年金を納めていなかった期間があったことを知ったのは、年金をもらい始めてからだったという。保険料の支払いが途絶えている時期の分、減額になっていて月額10万円に満たないのだと話してくれた。

年金9万5000円での暮らしは、出費を切りつめても厳しいものだった。

「一番、支出を抑えていることは何ですか?」

「やっぱり着るものだね。衣服は買わない。今、持っている服を着られれば買うことはない。人から洋服をおさがりでもらうことはあるけどね。食費も抑えているよ。朝食は孫の分だけ作って、自分は朝食は抜いて、食べないことにしている。1日の食費を1000円以下に抑えるようにしているんだが、それでも毎月3万円ぐらいかかってしまうんだよ。厳しいときには、私は、カップラーメン1杯で1日済ませることもあるのになあ」

義昭さんには、次男の昭男さん以外にも、離れて暮らす長男と三男、合わせて3人の息子がいる。長男と三男は、それぞれが仕事をしながら生活していて、普段は音信不通の状態だ。次男の昭男さんも、高校を卒業して、すぐに実家を離れ、働きながら自立した暮らしをしていた。結婚した当初、子どもにも恵まれた昭男さんも生活が穏やかだった頃は、ほとんど音信不通の状態だった。

父親の義昭さんを頼って連絡がきたのは、離婚した後、まだ幼いため目が離せない子どもを義昭さんに預けて、仕事をしなければならなくなったためだ。義昭さんは、まだ5歳の孫が可愛くてたまらなかったため、生活が厳しくても一生懸命、父親代わりをしようとしてきた。

それから10年余り——仕事の都合で離れて暮らしていた昭男さんが、突然、義昭さんの暮らす団地で同居を始めたのが２０１４年の年末のことだった。義昭さんは、「一緒に暮らしたい」という申し出に、はじめはとまどいもあったという。しかし、同居を始めてすぐ、昭男さんは派遣会社に登録し、日払いの仕事を始めた。朝から一日中留守にして、家に夜戻っても、寝るだけという状態となり、顔を合わせることもなかった。

「なぜ、同居に至ったのか」深く話をすることさえないまま、親子の同居が始まったのだった。

年金暮らしの父親と、日払いで収入の安定しない息子の同居生活は、すぐに追いつめられていった。息子の昭男さんは、まとまった給料を生活費として父親に渡すことはできず、手元に数千円が残ると、手渡しで渡すことがあるぐらいだった。息子が夜まで働いて疲れている姿をそばで見ていた義昭さんは、息子にお金を催促することはできず、なぜお金がないのか、事情を聞くことさえできずにいた。

昭男さんは同居生活をどう感じているのか、直接、話を聞くことにした。家では話しにくいかもしれないので、近所の居酒屋で話を聞いた。昭男さんの仕事は、登録している派遣会社から連絡があれば、日払いの仕事先に派遣されるというものだった。日払いの仕事のため、あれば働くことができるが、なければ収入もない。働いた日は、1日分の給料が現金で手渡される仕組みで、その収入の中から携帯電話の料金や昼食代、交通費などを支払い、残りを家族に手渡すのが精一杯だったのだ。

しかし、息子の昭男さんにその収入があったことで、家族の生活は一変することになったのだ。

生活保護の廃止　近づく破綻の足音

息子の昭男さんと、年金暮らしの義昭さんの同居がスタートして、3ヵ月余り経った頃、2015年3月、区役所から一通の通知が届いた。封筒を開くと、「保護廃止決定通知書」と書かれた紙が入っていた。「生活保護を廃止する」という自治体からの通知書だった。

同居を始める前まで、病気がちだった義昭さんはもともと、年金だけでは生活が立ちゆかず、孫との暮らしを守るため、生活保護を受けながら暮らしていた。生活保護を受けていた時には、医療費や市営住宅の家賃は支払いが免除されていた。高血圧の持病があり、薬が手放せない義昭さんにとって、医療費の免除は大きな助けになった。

しかし、息子の昭男さんの同居をきっかけに、生活保護廃止という出来事に見舞われた。それは義昭さんにとって、思いがけないことだった。

「なぜ、生活保護が廃止になったんですか？」

生活保護の廃止について義昭さんに尋ねると苛立ったように答えた。

「うちの息子が家に入ってきたからだって。だから収入があるとみなされて、収入があれば生活ができるんじゃないかと思われて廃止になったんだな」

憲法第25条では、国民に健康で文化的な最低限度の生活を保障している。その水準が生活保護水準だ。世帯ごとの収入が基準を下回れば、生活保護を受けることができる。高齢者の場合、年金が生活保護水準を下回り、預貯金や不動産もない場合には、収入の不足分を生活保護費として受け取ることができるのだ。

安田さん親子の場合、2月の時点での義昭さんの年金と、昭男さんの1ヵ月の収入を合わせた世帯収入が判断の基準となった。ところが、2月は、日払いの仕事が休みなく入ったために、昭男さんの収入が15万円近くに上っていた。そのために世帯収入が基準を上回り、生活保護を廃止する、という判断に至ったのだ。

しかし、息子の昭男さんの収入は不安定で、その後、2月の時点での収入を大幅に下回ることも少なくなかった。義昭さんは、自治体の判断に納得できない様子だった。

「生活していくのは大変だよ。役所のケースワーカーにも言ったんだ。息子の収入は不安定だから、ある程度、収入が安定して入ってくるという目処が立つまでは、生活保護を続けてもらえないかってね。お願いしたんだけれど、収入が多かった時が、たとえ1ヵ月でもあったのも事実だからね。役所としては、働けると思ったんだろうね」

生活保護の廃止によって、それまで免除されていた、市営住宅の家賃は、毎月2万円(減免措置による家賃)払わなくてはならなくなった。持病で通院していた医療費も免除されていたが、75歳以上の高齢者の場合、窓口で求められる1割負担、およそ3000円ほどを払わなくてはならなくなった。さらに、預かっている孫の教育扶助費も支給がストップされ、公立高校の授業料や通学定期券の費用などが負担となって、生活は一気に厳しくなったのだ。

義昭さんは、息子の昭男さんに生活の厳しさを繰り返し訴えたという。しかし、昭男さんにはどうすることもできなかった。

「息子に『お金を助けてもらえないか』と言っても、財布から数千円出すと残りがないんだよ。息子も食事もできなくなるしね。息子は派遣の仕事だから、お金の余裕がないのは分かっているんだ」

昭男さんの仕事は、フォークリフトで荷物を運搬する仕事だ。連休など休みが増えると、取引がストップするために、運ぶ荷物がなくなり、仕事は入らない。日払いの仕事は、企業側の都合で仕事が継続しないことも多く、受注が減れば、仕事はなくなり、収入も途絶える。それどころか、突然、仕事を打ち切られる恐れさえあった。昭男さんの不運は、市が生活保護の審査をした時には、高額の収入があったため、生活保護が廃止となったが、その後、仕事が打ち切られてしまったことだった。

義昭さんは、生活保護が廃止になった翌月の4月から、市営住宅の家賃2万円を滞納していた。

「どうすればいいのか、不安だよ。こんなことになるとは……」

今の思いをこう語ると、言葉を詰まらせた。義昭さんは、何とか手元に少しでもお金を残したいと、持病で通院していた病気の治療をやめてしまった。それしか、節約するところがないほど、生活は追い詰められていたのだ。

「病院に行くお金が残らない」

老後破産の現実——その中で最も深刻だと感じるのが、医療費を支払う余裕がなくなり、医療を受けなくなってしまう人が増えていることだ。生活費に余裕がない人たちは、家賃や光熱費、食費など、最低限必要な支払いを済ませて、余裕があれば医療や介護を受けるという人が少なくない。もちろん命に関われば、借金してでも医療を受けるしか選択肢はないが——そういった危機的状況に陥ってから救急搬送されてくるケースが急増している——治療が急を要しない場合、節約のために「我慢」してしまうのだ。
義昭さんも、生活保護の廃止決定があった後、十分に医療を受けられずにいた。それは、高血圧の持病のある義昭さんにとって、危険なことだった。

息子と同居を始める前の2011年の正月、義昭さんは突然、脳梗塞の症状に襲われた。それは、朝早く、団地の前にあるゴミ捨て場へ、ゴミを出しに行く途中のことだった。急に足元がふらついて、バランスがとれなくなり倒れ込んだ。正月休みだったために、当時は別居していた息子の昭男さんが、偶然、帰省していて、タクシーですぐに病院へ連れて行った。担当医によると、当時、義昭さんの血圧は180を超えていて、脳梗塞の影響で身体の左半分に麻痺の症状があった。左手足が動かしにくくなり、左手では、コップさえ持てない状態だった。経過観察のために3週間入院し、その間、治療を続けた結果、徐々に血圧は下がっていった。リハビリで麻痺の症状も改善していったが、退院後も後遺症が残り、身体の動きも鈍くなったという。

「脳梗塞があってからね、今までの人生が、ガラッと変わってしまった。すべて変わってしまった。少し動くと、すぐ疲れる。すぐね」

義昭さんは、自由に動かせなくなった手足をじっと見ながら、そう話した。脳梗塞の再発の恐れがある義昭さんは、病院に通院し、注意深く経過を観察してきた。しかし、生活保護廃止の後、その通院が途絶えてしまったのだ。さらに、主治医から飲むように指示されていた、再発を抑えるための薬——血圧を下げる薬や血液が固まるのを防ぐ薬——は通院時に処方される1回の診察で出される1ヵ月分の薬がすでに切れていた。

病院に行くための費用は、診察代と薬代、合わせて3000円ほどだが、それだけではない。病院は家から遠く、義昭さんが歩いて通院することができないため、タクシー代がかかるのだ。往復の交通費2000円を加えると、合わせて5000円もかかってしまうため、通院できないのだ。

「血圧の薬だけでもね、飲まなかったらダメだと言われている。だけど1ヵ月切れているんだよね」

血圧を下げる薬を1ヵ月、飲んでいないという義昭さんの体調が心配になった。

「飲まなくて、大丈夫ですか？　体調は？」

「あんまり良くないんだよ」

おそるおそる、病院へ行くことを勧めても、首を横に振るだけだった。

「残らないんだよ、お金が。病院行くお金が残らないの。病院行って今お金がないって説明すればさ、支払いを待ってもらえるかもしれないけども、いつまで待ってもお金が入ってくるアテもない」

義昭さんは、病院に行くことをあきらめている様子だった。

「もう病院に行かないんですか？」

義昭さんは、この質問には大きくうなずいた。

「うん」

最近になって、義昭さんは便の出が悪くなり、大腸の病気が疑われるため、担当医からは、大腸がんの検査を受けるように勧められていた。しかし、この検査も受けられないという。

「大腸がんの検査はね、1泊しなきゃなんない。入院になると余計お金かかるでしょ。なんぼ（いくら）かかるか分からないけど、検査となったらね、かなり何万もかかるんじゃないかと思う。受けられないよ」

息子の昭男さんは、脳梗塞の再発を抑えるための治療を再開し、大腸の検査も受けるように父親の義昭さんに繰り返し勧めている。病院に行こうとしない義昭さんを励ますように、「近いうちに正社員になれる」と話しているという。今、派遣されている企業が、社員として雇用することを考えると言ってくれたようだった。しかし、義昭さんは、それを喜ぶどころか「期待しすぎないように」と自分に言い聞かせていた。

「来月か再来月ぐらいにね、息子が『社員になる』って言ってるんだ。でも、そんな急に給料高くなるわけじゃないでしょ。なんとか、今の収入でやっていくよりほかないね」

正社員になって、収入を安定させ、せめて父親の病院の費用を出したいと思っている息子の昭男さん。一方で、息子が正社員になることに一縷《いちる》の望みを託しながらも、同居生活を守り抜くために、節約を止められない父親の義昭さん。お互いを思いやる親子が、壊れそうな家族の形を必死で守っている状態だった。

ごく当たり前の家族だったはずが

安田さんの家族は、平日は息子の昭男さんが仕事で留守がちなため、義昭さんが一人暮らしと同じような状況で過ごしているが、週末になると親子がそろう。親子が同じ時間を過ごしている時に、取材をしたいとお願いして、週末に団地を再訪問した。

玄関で来訪を告げると、昭男さんが、スウェット姿で普段よりリラックスした様子で出迎えてくれた。昭男さんは、気さくな人柄で、若い頃の話に花が咲くと、音楽好きが高じてバンドを結成し、ドラマーとして本格的なバンド活動をしていた経験も話してくれた。昭男さんは、これまでの人生を振り返って率直に語ってくれた。

昭男さんも、父親の義昭さんと同じように仕事を転々としていた。高校を卒業した後、初めて勤務したのは精肉店で正社員としての採用だった。その後、別の精肉店に移り、さらにパチンコ店へと職場を転々としたが、正社員としての採用が続いていた。結婚した後、子どもが生まれてから、建物管理などを行う設備会社に転職した。それも正社員の仕事で、それなりの収入があった。妻と息子と家族3人で暮らす、ごく普通の生活だった。

人生の歯車が狂いだしたのが、子どもが4歳の頃、離婚してからだった。子どもを引き取ることになった昭男さんは、仕事を続けながら、幼い子どもを自分で育てられるのか、不安だった。悩んだ末に相談したのが父親の義昭さんだった。それは、義昭さんも離婚した後、男手ひとつで昭男さんを育ててくれたことがあったからだ。そんな義昭さんに感謝してきた昭男さんは、仕事のためとはいえ、子どもを義昭さんに預けることに複雑な思いを抱えていたが、義昭さんは、「留守中の面倒を見るよ」と快く育児を引き受けたという。

離婚した後、さらに待ち受けていたのが正社員として勤めていた設備会社の倒産だった。昭男さんは30代半ばに差し掛かっていた年齢のせいか、それまでとは違って次の仕事がなかなか見つからなかった。そうした中で、何とか見つかった仕事がリサイクルショップの店員だった。かろうじて正社員として採用されたものの、昭男さんの心の中には、先行きへの不安が広がり始めていた。売り上げに左右される店員の仕事が長く続けられるものなのか、わからなかったからだ。さらに、次に仕事を失うと、もっと年齢が上がってしまうため、今度は正社員の仕事が見つかるだろうかと不安がうずまいていた。ハローワークなどの求人でも「年齢は35歳まで」といった条件が書かれているものが少なくないからだ。「リサイクルショップの仕事を失いたくない」と朝から晩まで必死に働き、余裕を失いかけていた頃——義昭さんに病魔が忍び寄り、昭男さんの仕事にも暗雲が垂れこめていったのだ。

義昭さんは、これまで大切にしてきた2枚の写真がある、と見せてくれた。

1枚は、息子の昭男さんがまだ幼い頃の写真だった。昭男さんは義昭さんの腕に抱っこされていて、満面の笑み。抱いている義昭さんも穏やかな優しい表情で写っている写真だ。

そして、もう1枚は、孫の運動会に義昭さんが父親の代わりに参加している写真。孫と一緒にレースに参加する義昭さんは、昭男さんのために父親代わりを務めていることが決して負担だという様子はなく、むしろ嬉しそうな表情を浮かべていた。その笑顔は、昭男さんを抱いている写真の若い頃よりも、さらに穏やかな笑顔だった。

2枚の写真を見ていると、大変な思いをしながら暮らしていても、親子はお互いを思いやり、愛情あふれる家族だと教えられた。ずっと深いところでつながっている親子だった。

「失業」と「親の病気」~同居への決意

昭男さんは、ようやく見つけたリサイクルショップの店員の仕事を手放したくないと、必死で働いていた。「正社員」の仕事はこれが最後だという予感もあったからだ。しかし、働いて2年目、不景気で売り上げが減ったため、会社は昭男さんを解雇した。突然の宣告だった。

「リサイクルショップの店員の仕事は、不景気で売り上げが下がって、人件費削減のためにクビ切られたんです」

「事前の説明はなかったんですか?」

「一応、1ヵ月前には解雇を告げられていました。でも、どうすることもできないですよね。その後は、やっぱり仕事探してもないいんですよね」

「収入はゼロになったんですか?」

「ええ」

昭男さんは、目を伏せてうなずいた。

リサイクルショップは最後の正社員としての仕事になった。その後、40代になった昭男さんは、正社員の仕事が見つからないというだけでなく、パートタイマーの仕事さえ年齢制限があって、就職先を見つけられなかった。結局、自力で就職先を見つけられなかったため、派遣会社に登録するしかなかった。しかし、派遣会社から紹介されるのは、日払いの不安定な仕事ばかり。20年ほど正社員を続けてきた昭男さんは、いつ収入が絶たれるか分からないリスクを背負うことになった。

そして、昭男さんが、自分一人で家賃を払いながら暮らしていくことができるのか、将来が見えなくなってしまった頃——2011年の正月、父親の義昭さんが脳梗塞で倒れた。

「一人暮らしを続けることが厳しかった。だから実家に戻るしかなかったんです。家賃も払えなければ、住むところもないですから。仕事を探して、面接行ってもダメ（不採用）の繰り返しだったんです。でも、ずっと面接ばかりしてても、収入は入らないじゃないですか。収入がなければ困るから派遣会社に登録するしかなかったんです。仕方ないんですよ」

昭男さんは、「親の病気」と「失業」を同時に背負い込むことになった。しかし、だからこそ、同居を決意することができたのだという。今も、先行きの見えない派遣の仕事を続けている昭男さんは「正社員に戻れるなら、戻りたい」と言う。しかし、それは、かなえることが難しい願いになってきている。失業した当初は、正社員の仕事が見つかるまでの一時的なつもりだった派遣の仕事さえ、いつ失うか分からない不安定な状況におかれていくことになっていったからだ。

昭男さんは失業後、正社員での採用につなげたいと、わらにもすがる思いでフォークリフトの免許を取得していた。その免許が派遣会社で評価され、フォークリフトの免許が必要な仕事を紹介してくれるようになった。倉庫で荷物整理などをしていた時には、日払い6500円だった収入は、フォークリフトを運転して荷物運搬するようになると、一日1000円上乗せされ、7500円となった。この派遣先では、ほかの派遣社員のリーダーとなって現場を取り仕切る役割が任されるようになり、「いずれうちの会社に正社員でおいで」と声をかけられるようになっていた。

義昭さんに「近いうちに正社員になれる」と話していたのは、このことだった。そして2月、ほとんど休みなく日払いの仕事が入り、月の収入は15万円近くになった。しかし、その月だけ給与が多かったことが、皮肉なことに生活保護の打ち切りの原因となった。昭男さんは、それまでは収入がゼロだったこともあると訴えたが、廃止の決定をくつがえすことはできなかったという。

「自治体の担当者の説明は僕も父親と一緒に聞いたんです。けど……そのとき収入があったから、働けるという判断になって廃止になっちゃったんですよね……」

「義昭さんの病気もあるし、生活保護を受けられたほうがいいですよね？」

「ええ。だから自治体の担当者には、いろいろ質問してみました。『一緒には暮らしていても、親は生活保護を受けて、自分は生活保護受けないっていうことはできないか？』と一応聞いてみました。すると、『同一世帯だから、全員の収入を合わせて世帯収入となる』という説明でした。収入報告を出すと、『ああ、収入これだけもらっているから、じゃあ切りますね』と言われてしまって……。僕がもっと働けばいいんでしょうけど……」

自分の収入で親を支えたいという思いが強い昭男さんは、生活保護が廃止になっても、その判断をくつがえしたいと思うよりも、自分が十分な収入を得られないことを後ろめたく思っているようだった。もちろん、世帯収入がいったん生活保護水準を上回っても、その後、状況が変わって収入が減れば、生活保護を申請することはできる。しかし、昭男さんはそれよりも、安定した仕事を探すことを優先し、少しでも収入などの条件が良い仕事を探すために奔走し続けていた。

年金だけで暮らせない、取り崩す預金もない

安田さんの家へ取材で通うようになったある日、義昭さんは、銀行の預金通帳を取り出し、見せてくれた。次の年金支給日まで、まだ数週間を残しているにもかかわらず、口座の残高はわずか312円。

「それで生活できますか？」

「できないな……」

義昭さんの答えを近くで聞いていた昭男さんが補足するように言葉を継いだ。

「僕の日払いの給料も余裕がなくて……食費とか、電話代を払うとほとんど残らないので、僕にも自由に使えるお金はないですね。今は生活していくだけで、いっぱいいっぱいなんですよ」

その答えを聞いた義昭さんは、息子をいたわるようにさらに言葉を継いだ。

「息子はね、毎月、収入が決まってるわけじゃないでしょ、非正規雇用だからね。だから、そんなにお金が手元に残るようなことにはならないんだよ」

息子の昭男さんが日払いの仕事で留守だったある日、義昭さんが一人で、近所のスーパーマーケットへ買い物に出かけるという。お金がないため、買い物には、めったに行かないと聞いていたので、またとない機会だと思い、私たちも同行させてもらうことにした。

団地の中央にあるスーパーまで数百メートルぐらいで、大人が歩けば5分ほどだろうか。しかし、足腰が弱っている義昭さんは、ゆっくりと歩くため20分近くかかる。

スーパーの店内も、ゆっくり歩いて見て回っていた。カゴの中に入れたのは、100円均一のカップ麺や菓子パンだった。

「野菜などは買わないんですか？」

「料理はほとんどしない、できないからね」

インスタントの食品を選び終えた義昭さんは、総菜コーナーで足を止めた。昼食を選ぶためだ。

「これでいいかな……」

おいなりさんと太巻きの詰め合わせを手にとった。いつもの昼食はパン1個で済ませていると聞いていたが、同行させてもらっている私たちロケスタッフの目を意識しての選択だったのかもしれない。買い物を終えて、レジに並んでいた時、カゴを持つ手が震え出した。脳梗塞の影響で腕の力が弱っている義昭さんは、買い物カゴがいっぱいになるくらい詰めると、長く持っていることができないのだ。

「これ以上、重くなると自分で運べないから買い貯めすることができないんだよ。だから1週間に一度くらい、買い物に行かなくてはならないんだ」

団地の我が家へ帰ると、義昭さんは昼食用に買った助六寿司のパックを取り出した。値札には「298円」とある。ぶつぶつぶやいているので聞いてみると……、

「300円近いもんなあ。高いな、これ」

義昭さんは、それでも大きな口を開けると「えいっ」とばかりに、一口でおいなりさんをほおばった。しばらくすると、今度は太巻きをはしでつかむと、また「えいっ」とばかりに一口でほおばった。298円の助六寿司は、わずか四口でたいらげられてしまった。あっという間の昼食だった。

居間の棚に大切に飾られている写真のひとつに、義昭さんが現役のタクシー運転手だった時のものがある。安全運転を心がけてきた義昭さんは、50代の頃、無事故で表彰された。表彰式の写真の義昭さんは、スーツ姿にネクタイを締め、誇らしげな表情だ。

「他人を乗せているから、毎日が真剣勝負だったよ。売り上げがなんぼあるか、というのも真剣勝負で、その心配ばっかりしていたな。その頃、老後は普通に暮らせると思ってい

たよ。厳しいな、現実は。若いとき、こうまでなるとは思ってなかった……厳しい」

老後は、息子がいれば心配ないと思っていた義昭さん。しかし、息子と同居した後、生活は苦しくなる一方だ。

「ダメだ。ダメ。冷てえもんだ、生活保護というのは。うちの息子が来たからったってさ、収入がまだ安定してないでしょ。それでも打ち切られるんだ。見放されたようなもんだ」

当たり前の願いを持てなくなった現実

「家族一緒に暮らしたい……」という当たり前の願い。安田さん親子は、その当たり前の願いをかなえることの難しさに直面していた。

父親の義昭さんは、いつ発作で倒れるか分からないという不安から息子と一緒に暮らしたいと願っている。息子の昭男さんも、父親を一人にしておくのは心配で同居して支えたいと思っている。しかし、互いがそう願っているにもかかわらず、同居したことで、より一層、生活が厳しくなるという皮肉な結果を招いたのだ。

昭男さんは行き詰まっている状況をこう話した。

「親父が脳梗塞やってから、ちょっと心配な面もあって。自分が何とか、がんばって助けてあげたいなって思っているんですけどね。なかなかね……。本当に、最低限の生活するだけで精一杯ですね」

昭男さんは、義昭さんが体調を崩し、再び入院しなければならなくなることを心配していた。入院費用を支払う余裕がないためだ。

「入院を考えたら、おっかないです。怖いです。いくら後期高齢者といっても、医療費はそれなりにかかるので、その分を捻出できるのかなと思うんです」

義昭さんは病院には行けないと覚悟しながら、それでも医療費の負担を軽くしてほしいと話していた。

「今の状況では、金もなくて病院にかかれないから。もう何年も生きられねぇから。あした死ぬかもしれねぇし、1年2年のうちに死ぬかもしれん。そこまで、せめて医療費だけでもね、負担してくれるといいんだけどな」

生活保護を受ければ、医療費は免除されるし、生活費の補助も受けられる。今の状況を打破するには、生活保護を頼るしかない状況だった。しかし、息子がいれば、世帯の収入が生活保護水準を上回ると判断され、生活保護を受けられない——。義昭さんは、息子がいなくなれば、生活保護を受けられると一方で思いながら、一方では、息子がいない時、発作を起こしたらどうなるのか不安でそばにいてほしいと思っていた。

どこまで考えても、思考が交錯するばかりだったが、それでも一緒に暮らす決意は変わらなかった。

「本当は息子がいなくなればね、また生活保護受けられるのさ。でも、そうなったら困るんだよね。私に何かあったら困るんだよ。だから本心から言えば、いてもらいたいのさ。私、いつ倒れるか分かんないから。息子には、本当に一緒にいてほしい。たとえ苦しくてもね」

最後にきっぱりと「一緒にいてほしい」と言い切った義昭さんは、息子も自分を頼っていることを感じていた。

親子は互いに「一緒に暮らすこと」を続ける覚悟をしていた。

家族と一緒に暮らしたい、支え合って暮らしたいというのは当たり前の願いではなかろうか。互いを頼りに支え合って暮らす家族が「一緒に暮らす」という形を守りながら、国・自治体に支えてもらえるような仕組みを構築すれば――生活保護を受けやすくしたり、家賃などの支援や医療費や介護費用を免除される制度など――高齢の親と同居している「働く世代」は、どれほど大きな安心を手にすることができるだろうか。

抜け出せない非正規労働～息子の失職

番組の取材が大詰めの段階を迎えていた頃、昭男さんから連絡が入った。慌てて会いに行くと、思い詰めた表情で報告があるという。

「言わなきゃいけないと思っていたんですけど、今の仕事がダメになったんです。クビです」

昭男さんが派遣で働いていた荷物運搬の仕事が打ち切りになったのだ。取り扱う商品の販売が終了し、メーカーから商品を引き上げると突然通告があったという。

「どうするんですか？　次の仕事は決まってるんですか？」

「今、派遣登録している会社に別の仕事を探してもらってるんですけど……。見つかっていないし、どうなるかわからないんです……」

仕事が全く見つからなければ、収入がゼロになる。それは昭男さんが一番、恐れていた事態だった。それまで「正社員として雇いたい」という口約束に期待してきたが、一瞬で泡のように消えた。派遣の仕事だからといって手抜きもせず、コツコツと信頼を積み上げ、ようやく安定した職に就けると期待していた昭男さんにとっては、相当なショックだったに違いない。

辞める前に職場を取材させてくれないかと話すと、昭男さんは快く承諾してくれた。

取材の朝、昭男さんの勤務先である食品貨物を扱う会社を訪ねた。広い倉庫の中では、敷地内を複数のフォークリフトが縦横無尽に動き回っていた。昭男さんは、その1台を運転していた。目が回るようなフォークリフトの動きに、衝突するのではないかとハラハラさせられたが、昭男さんは慣れた様子でフォークリフトを運転し、手際よくトラックに荷物を積み込んでいた。1台積み終わると、またすぐに別のトラックがやって来て、同じ作業を繰り返していく。これが夜まで続くという。

昼休みになって、ようやく昭男さんはフォークリフトを降りた。

「朝から大変ですね」

「きついですけど、生活がかかってるんでね」

「今、ちょうど忙しい時期なんですか？」

「今月いっぱいの仕事、だから打ち切りです」

この仕事は、当初から期限付きで、2ヵ月余りで打ち切られることが分かっていたという。昭男さんは、落ち込む様子はなく、「こんなもんだ」と自分を納得させようとしているようにみえた。

「終わったら、この先どうするんですか？」

「派遣会社で次を探してもらってるという形ですね、今は。求人情報誌は暇なとき見てるんですけど、やっぱり年齢でひっかかりますね。正社員で働きたいですけど、この歳になると、ないですよね」

昭男さんは、非正規雇用から抜け出したいと思いながらも、抜け出せないことが分かっていると淡々と話した。派遣で働いている以上、収入が途切れてしまう不安はいつまでもつきまとうことになる。

「やっぱり僕らの『派遣』の仕事って長期は難しいんですよね。なので、こういった短期のところで、できるだけ長く働けるように、それで終わったら今度また違う派遣先で働いて、そこが終わったらまた次の派遣先で。短期でも固定して働ける現場があれば良い方ですよ。ないときは、1日ごとに違う派遣先に働きに行ったりとかね。仕方ないですよね」

そう話すと、昭男さんは、通勤途中に買ってきた弁当を出して、地べたに座ると、一人で食べ始めた。

「毎朝、来る途中にコンビニでお弁当を買って食べてるんですけどね。今日は、398円のを買ったんですけど、いつもは、１００円安い２９８円のにするんですよね。今日は、置いてなくてね。なるべく安いのを選んで、そこら辺も経費削減ですよ」

荷物を運ぶ仕事で腰を悪くした昭男さんは、あぐらをかくことができないため、地面に座るといっても、ひざを抱えて体育座りしている。その体勢でも座りにくいのか、黙々と食べ続け、数分で食べ終えると立ち上がった。

昭男さんは、次は仕事を選ばずに一日でも早く働かなければならないと考えているが、派遣先がどういう職場なのか、全く分からない不安は大きいという。やはり年齢を考えると、どこまで重労働に耐えられるのか自信がないためだ。

「身体を壊してしまったら、それこそ仕事ができなくなりますから、それが怖いですよね。どれだけ負担の大きい仕事が回ってくるのか、それに自分が耐えられるかどうか、ちょっと想像つかないですよね」

非正規労働者は、企業側にとっては、必要に応じて人員が調整しやすいというメリットがある。しかし、これは裏を返せば、労働者にとっては、いつ打ち切りになるか分からないという不安がつきまとうことになる。特に北海道は、非正規労働者の割合が42・８％

（平成24年就業構造基本調査）と、沖縄に次いで全国で2番目に高い。

こうした背景に加えて、昭男さんは45歳。自力で仕事を見つけようとしても、ハローワークなどでは年齢などの条件が合わず、はじかれてしまうことが多い。派遣会社に仕事を見つけてもらうようになると、自分では仕事を選べなくなる。結局、派遣先から派遣先へ——非正規の仕事から抜け出そうにも、抜け出すことは難しくなってしまうのだ。

「老後破産」の連鎖を食い止めたい

義昭さんは、息子の昭男さんと同じように孫のことも大切に育てている。孫の弁当作りのために、早起きを欠かさないという義昭さんは、冷凍食品を上手く使いながら愛情いっぱいの弁当を毎日持たせている。

おじいちゃんが大好きな様子の孫は、いつも朗らかで元気いっぱいだ。学校の成績も優秀で、将来は大学へ進学し、コンピュータープログラマーを目指したいと夢を語ってくれた。仕事の都合で離れて暮らす月日が長く続いてきたが、昭男さんにとっては片時も忘れることのなかった大切な我が子だ。昭男さんの同居が始まった当初、会話がギクシャクすることもあったというが、そんな〝わだかまり〟は少しずつなくなっている。昭男さんは同居を決意した時、もちろん親を支えたい思いが強かったこともあるが、離れて暮らしてきた我が子との時間を少しでも取り戻し、その心の隙間を埋めたいという思いもあったのだろう。家族と一緒に暮らしたいという当たり前の願いに素直になれたのは、失業で居場所を失ったことがきっかけだったとしても、家族にとっては前進の一歩だったはずだ。

しかし、仕事がクビになったことで、昭男さんは子どもを大学に進学させることができるのか、思い悩むようになった。来年（２０１６年）には高校を卒業し、大学進学を希望しているが、学費を払える見込みが立たないためだ。

孫が可愛くてたまらない義昭さんは、大学に行かせたいと思う一方で、息子の失業であきらめるしかないと思うようにもなっていた。義昭さんは、昭男さんとどうしたら大学に進学させられるのか、話し合った。二人が出した結論はこうだった。

「大学に行かせたいけれど、お金がないんだよ。何十万もかかるでしょ、大学は。だから、孫には『1年、2年浪人してもいいからバイトしてね、自分でお金を貯めて行きなさい』って応援しているんだ。出してあげられないからなぁ。自分の力で頑張ってもらうしかないんだ……」

義昭さんは、力なく話した。

「何とかお金を出してあげたいって気持ちはあるよ。でも、どうにもなんないでしょ。だからといって就学援助を受けたってさ、奨学金は借金だから返済していかなきゃなんないでしょ。だったら入学前に貯めた方がいいのかなって」

父親である昭男さんの思いは複雑だった。優秀な成績の子どもには、自分がつかめなかったチャンスをつかんで欲しいという親心があるためだ。子どもの進学を親が支えられず、「自分で頑張りなさい」と告げなければならない、と辛そうだった。

「息子を大学に行かせてあげたいっていうのは本音です。でも正直言うと厳しいんです。我が家だけじゃなくて、貧困の家庭で生まれた子どもっていうのは進学率が低いっていうのも問題にされていますよね。まあ、それと一緒なのかなあと。息子は、バイトして自分で学費稼いで貯めて、自分で大学に入ると言ってるんですけど、親としても何とかしてあげたい。してあげたいとは思ってるんですが……厳しいですよね」

昭男さんの息子は、大学の学費を貯めるために、スーパーで荷出しをするアルバイトの仕事を始めていた。毎日、高校から帰宅すると、夕方から夜まで数時間ずつ、働いている。

「大学に行くために働いているんですよね？」

「もう働くしかないですね……」

そう答えたとき、「父や祖父に負担をかけたくない」という強い意志が目に宿っていた。家族の人生さえ自分で守ろうとする強さがあふれる表情だった。

「バイトは、大学進学のためでもあるんだけど、もっと余裕のある暮らしにしたいこともあるから。１００円でも１０００円でもいいんです。自分で働いて、少しでも家族が余裕が持てればいい。そして、何年かかるかわからないけれど、自分の夢を叶えた後、おじいちゃんとお父さんを助けたい」

家族一緒の暮らしは守られるのか

家族全員、一緒に暮らしたいと願っている安田さん親子が、同居生活を守りながら生活保護を再び受給することはできないのか。自治体や厚生労働省を取材すると、生活保護受給の判断に難しさがあることが分かってきた。

安田さんのケースを担当した札幌市の区役所でどのように受給を判断しているのか、聞いた。担当課長によれば、多くの自治体と同様に、世帯全員の収入を合わせて判断しているということだった。

「札幌市の場合、区役所の相談窓口（生活保護相談）に来て頂いています。そこで生活保護の制度の仕組みを説明します。働く能力や資産を活用してもらうことが原則で、どうしても足りない不足分を生活保護で補うという制度になっているということです。生活保護を受給する世帯を認定するには、世帯の収入、親子であれば年金収入と、働いてらっしゃるお子さんの稼働収入（給与）を合算して、それが生活保護水準として国が定めている最低生活費と比較して下回れば、保護に該当すると判定します」

「最低生活費の金額は、決まってるんですか」

最低ラインを知っておけば、どういう人が該当するのか説明しやすいだろうと思って、聞いてみた。しかし、制度は複雑だという回答だった。

「年齢とか世帯人員とか、あるいは札幌のように寒冷地であれば、夏期と冬期でも変わってきます。ご家族に障害者がいれば加算があるなど、一律には金額は提示できないんですよね」

「相談を受けてから、ケースごとに最低生活費を計算して、提示しているということですか？」

「そうです。相談を受けて最低生活費が、あなたの場合は幾らですよという形で説明しまして、収入額に照らして保護に該当するのかどうか、丁寧に説明しております」

さらに、「日払いの仕事で収入が安定しない場合」に、どう対応しているのかについても区役所の窓口での対応について詳しく説明を求めた。

「月の収入で計算するということですけれども、非正規雇用の方もいらっしゃいます。特に日払いの仕事は月によってかなり変動があり、休みが続けば、収入が減る状況かと思うのですが、そのあたりは考慮されています。生活保護費は、毎月、収入に応じて決定しますので、収入が変動して、例えば収入が減額になれば生活保護を受けている方の保護費は増えます。一方、収入が増えれば、それに応じて保護費も減額するという形で、収入に応じて適正な生活保護費を毎月計算しています」

それならば、いったん収入が基準を上回って、生活保護が廃止になったとしても、仕事が打ち切りになって収入が激減したら再び、生活保護を受けることができるのではないか

——その疑問も担当者にぶつけてみた。

「例えば、以前は一定の収入があったけれども、その後、仕事が打ち切られたり、あるいは収入が減ってしまったっていう場合はどうすればいいんでしょうか」

「区役所に相談した時点では仕事をしていても、その1週間後には仕事を解雇になる場合

もありますし、病気で働けなくなる場合もあると思うんですね。状況が変われば、また相談に来て頂ければ、以前は生活保護に該当しなかった世帯でも、例えば仕事を解雇になって生活保護の受給が認められる方もいらっしゃいます。状況が変わったらいつでも相談に来てください、ということは必ずお伝えしておりますし、いつでも相談はその都度受け入れることで対応しています」

説明によれば、昭男さんの収入が減った時点で、最低生活費を下回る場合は、再度、生活保護を申請すれば足りない部分の生活保護を再開することができるということになる。申請するためには、その月の収入と翌月の収入見込みなど、関係書類を集め、提出する必要がある。生活保護を再開できるか判断する審査の手続きには、2週間程度かかるが、手続きさえすれば安田さん親子は生活保護を受けられる見込みがある。しかし、一連の手続きは、原則として本人が直接相談に行かなければ、全ての手続きが始まらない。いったん廃止になったことで、あきらめてしまったり、再度、手続きに行く気持ちの余裕がなかったりすれば、収入が減って生活困窮に陥っても、救済の手が差し伸べられるわけではないのだ。その点についても、詳しく聞いてみた。

「基本的には相談に来た方に対応しております。ただ、以前の相談の時点でライフラインが止まりそうだとか、生活の厳しさを訴えていた方については、1ヵ月後に『その後状況にお変わりありませんか?』などと区役所から連絡を差し上げるケースもあります。また、本当に心配なケースについては、何度も電話をかけて、生活保護の申請をお勧めすることもあります。生活保護を担当する立場としては、社会保障制度の最後の砦としての生活保護の窓口ですので、困っている方々はいつでも相談に来てください、というスタンスに変わりありません」

2015年8月末、NHKスペシャル『老人漂流社会　親子共倒れを防げ』で安田さん親子のケースについて、追いつめられた状況にあることを放送で伝えた。その放送を終えて、すぐに義昭さんのもとに区役所のケースワーカーから電話があったという。

「何か困ったことがあったら相談に来てください」

ケースワーカーはそう伝えたが、安田さん親子には、区役所に相談に行きたくても行けない状況があった。

家族と暮らしていても〝一人暮らし〟

２０１５年９月、放送を終えて、およそ１ヵ月ぶりに安田さんの様子を見に行くために団地を訪ねた。札幌市は厚手の上着がなければ外に長くいられないほど、寒さが厳しくなってきていた。

通い慣れた団地を訪ねると、義昭さん、昭男さんが二人そろって出迎えてくれた。ぱっと見て、まず気になったのは昭男さんの様子だった。以前に比べて、げっそりと痩《や》せ細り、疲れ切った様子だったからだ。

「体調は大丈夫ですか？　少し痩せましたか？」

「最近、忙しいんでね……」

昭男さんは、力ない声で答えた。

仕事が打ち切られた後、昭男さんは、登録していた派遣会社から次の仕事を紹介された。その仕事も、食品を取り扱う荷下ろしの現場で、フォークリフトを運転して、トラックへの積み込みなどを行う仕事だ。給料は、日払いで７５００円と、以前の職場と同じ条件だった。しかし、市内から外れた遠方まで通わなくてはならなくなり、通勤時間が長くなった。仕事は午前８時からだが、昭男さんは毎朝６時半には家を出て、夜遅くまで戻れない毎日だった。

「仕事時間は、午前８時から午後５時までが基本なんですけどね。忙しいせいもあって、毎日1～2時間ぐらい残業していますね。仕事が終わるのは、夜の9時、10時か、それぐらいですね。帰ったらヘトヘトです、もう……」

朝6時半に家を出て、戻ると深夜11時を過ぎる毎日……。少しでも稼ぎたいと考えている昭男さんは、日曜日だけしか休みをとらず、週6日、働きづめだった。

「働かないと生活が成り立たないから、もう働くしかないんですよね。休みになると、1日分の日当が全くなくなるんで、はっきり言えばね、休みたくはないんです。多少無理しないと、やっていけない。体壊れるまでって言ったらおかしいんですけど、限界がくるまで頑張ろうと思ってます」

同居した当初は、父親の義昭さんを気遣い、家事もできるだけ手伝ってきた昭男さんは、唯一の休みである日曜日も、仕事の疲れがたまっているため、昼過ぎまで寝ていて、家事を手伝うことができない状態だった。義昭さんは、そんな息子を思いやりながらも、自分だけでは家のことができずに困っている様子だった。

「家の掃除もね、窓ふきとか、私ができないことを以前は息子がやってくれました。でも、今は全然できない。掃除していないから汚いでしょう……」

義昭さんも、しょんぼりとうなだれていた。終日、一人で家にいる義昭さんは、自分で家事をしたくてもできないもどかしさがあるようだった。

「息子さんが毎日、仕事だと家のことも大変ですね？」

「できないね。部屋もゴチャゴチャだよ。働くことだけで息子は精一杯だろうよ。先週は日曜日も出ていたな」

「家にほとんどいないんですね？」

「うん、いない。朝の6時半に出て行って、帰りは遅いし、疲れ切っているしね」

「でも、働かないわけにもいかないですよね？」

「そうね……」

高齢の親と子どもが同居している場合、少しでも収入を増やそうと子どもが働く時間を増やすと、親は一人で家で過ごす時間が長くなる。働く時間を増やすのは同居する家族のためだ。しかし、働けば働くほど、家にいられず、親のそばを離れなければならなくなる。安田さん親子もそんなジレンマを抱えながら、日々を過ごしているようだった。

今、訪問介護の現場や高齢者福祉の現場では、〝日中独居〟（家族が働いているために日中、一人暮らしと変わらない高齢者の孤立問題）が問題視され始めている。家族の留守中に発作を起こしたり、転倒するなど、深刻な事態が広がっているためだ。

義昭さんも、日中ほとんど一人で家にいる、いわば〝日中独居〟ともいえる状態が続いていた。そういう事情があったため、生活保護のケースワーカーが「相談に来てください」と言っても、そもそも相談に行くことができない状態だったのだ。義昭さんが一人で歩いて出歩けるのは、すぐそばの近所のスーパーが限界だった。交通機関を乗り継いで区役所まで行くことは付き添いなしでは到底、不可能だったのだ。義昭さんにとっては、相談には「行きたくても行けない」という、どうしようもない状況だった。

「区役所のケースワーカーさんが『何かあったら相談に来てください』って親切に言ってくれて、それは良かったんだがな。行ければいいんだが、行けないよ。買い物にも行けなくなってきているし……」

義昭さんには、一人で窓口を訪ねることにもうひとつの不安もあった。たとえ一人で窓口まで行くことができたとしても、脳梗塞の後遺症で言葉がうまく話せないこともあって、生活保護を受けたいという自分の思いを伝えられないのではないかという心配だった。

義昭さんは、大きなため息をついた後、ぼそっとつぶやいた。

「相談に行ければ……相談に行ければな……」

重すぎる医療費の負担

昭男さんの様子が気がかりだったため、仕事が休みの日曜日に団地を訪ねた。すると、昭男さんはさらに疲れ果てた様子だった。義昭さんも、いつにも増して元気がなかった。話を聞くと、ちょうど滞納していた家賃を支払ったため、年金をすべて使い果たしてしまったという。そのため、昭男さんの日払いの収入だけで生活していた。どれほど厳しい生活なのか——それが分かったのは夕食の時間だった。

6枚切りで110円の食パンを1枚——それが夕食だった。義昭さんは、皿の上に食パンを置くと、マーガリンと蜂蜜を重ねて塗った。そのパンを二つに折り曲げると、ムシャムシャと食べ始めた。夕食はあっという間に終わった。そういった食事が続いているということだった。

食事を終え、食器を片付ける義昭さんに、昭男さんが声をかけた。

「終わった？　薬飲むのかい？」

「うん」

昭男さんが残業を増やして、義昭さんが病院へ行くお金をようやく工面できたのだ。昭男さんは、通院の日だけは、めったにとらない休みをとって、義昭さんを病院へ連れて行ったという。

「家のことは、仕事があるので任せ切りにはなってしまっているんですけどね、それでも病院行くときは自分も休みをとって一緒について行きました。というより、一人では病院に行けなくなってしまってるんですよ。病院行くには、僕が会社休んで送り迎えする以外に方法がないんですよ」

滞納していた家賃を払って、父親を病院に連れて行ったことで、普段より10万円ほど多くの出費があった。それは重すぎる負担だった。義昭さんの年金と昭男さんが少しずつ貯めてきたお金を全てつぎ込んで、ようやく支払った。しかし、その支払いで手元にお金は残らず、翌日から日払いの収入7500円で生活していかなくてはならなくなった。その収入も毎日、必ず入ってくるものではない。

次の年金支給日までは1ヵ月ほどある。その間、6枚切りで110円の食パンを食べつないでいくのだろうか……。こうした状況になっても安田さん親子は、自分たちから「助けて」とSOSを発することは考えていない様子だった。「家族で力を合わせて」とでもいうように、誰も愚痴ひとつ言わずに、黙って耐えて暮らしていた。

“親子共倒れ”をどう発見できるのか？

厚別区では、ケースワーカーが自宅を訪問することもある。近所の人が何らかの異変に気づいて、自治体に通報したケースなどがそれにあたるという。

「原則は、ご本人に相談に来て頂くことにしていますが、近隣の住民から心配だという通報があれば、例外的に訪問をすることはもちろんあります。連絡があったのに放置するということはありません」

安田さん親子以外にも、ＮＨＫのアンケートに答えてくれた多くの方々から話を聞かせてもらったが、生活に困っていても、自治体に助けを求めていないばかりか、周囲には「共倒れ寸前」の状況であることを隠しているケースもあった。

とりわけ、中高年の子どもと同居している家族で、子どもが無職で〝ひきこもり〟の状態の家族は――ひきこもりの中高年の子どもは働く意思がない場合も多い――親がその事実を近所に隠しているケースが多かった。

子どもが働くのはかなり難しい状態で、親の年金だけを頼りに暮らしているため、親に何かあれば共倒れのリスクは高いと思われるが、支援を求めることで問題が顕在化することを怖れているのだろう。

〝親子共倒れ〟は、家庭内の問題を外に知られたくないという気持ちから、周りの支援を遠ざけてしまうことに、問題の根深さがある。無職の子どもがひきこもり状態で「親子共倒れ」寸前の状況でも、近所の人たちは子どもが一緒に暮らしていることさえ知らないことも多く、困っていることに気づくことが難しいのだ。こうした見えにくい「共倒れ」の実態をどう把握し、具体的な支援に結びつけるのか。従来の地域の見守り態勢や、行政の仕組みだけでは、限界があるように感じる。

行き渡らない「見守り」の目

安田さん親子の住む地区では、高齢者世帯の孤立化を防ぐために、近隣住民の交流など、活動が活発に行われている。団地の中心にあるショッピングセンターに隣接した「管理センター」を会場にして、年間を通して気軽に参加できる交流イベントが目白押しだ。こうしたイベントでは、社会福祉士や介護支援相談員が、生活や健康面での悩みなどを受け付ける、いわゆる〝よろず相談〟も行われている。巨大な団地だからこそ、隣近所の付き合いが薄くならないように、積極的に地域ネットワークを形成しようとしているという点では、他の地域よりもむしろ進んでいる印象だ。こうした活動の先頭に立ってきたのが、民生委員だ。厚別区のもみじ台地区では、合わせて42名の民生委員がいる。それぞれの職場を定年退職した後、ＯＢ世代が民生委員として、地域のために尽力している。もみじ台地区の民生委員協議会の会長、野村秀雄さんは、困った人が相談に来てから支援するという「受け身の支援」には限界があると考えていた。

「互いを行き来するような『近所付き合い』を復活させたいんですよね。地域住民全てが参加できる大きなイベントだけでは足りないと思い、『地域の茶の間』といって毎月、気軽にお茶を飲みにきてもらえるようなイベントも行っています。さらに、『福祉のまち推進センター』という場を作って、いつでも相談を受け付けられるようにしています。それ以外にも、我々から出向いて出張所を臨時で設けて街角相談をしたり……いろいろやっていますが、なかなかそれがみんなに浸透しないというか、そういう状況ですよね」

この地域では、相談窓口を設けても「相談にさえ来ようとしない」人たちを見つけようと、自宅を訪問し、健康状態や生活に変化がないか聞き取りを行う見守り事業も行っている。訪問の対象は原則、65歳以上の一人暮らし世帯だ。42名の民生委員が月に一度、それぞれの担当地域に分かれ、一軒一軒、訪ね歩いている。

地区の民生委員の阿部知さんが、一人暮らしの高齢者を訪問するというので、同行させてもらった。阿部さんは40軒近く受け持っている。この日、訪問先は団地だった。もみじ台の団地はエレベーターがないため、訪問先に行くためには、階段の上り下りだけで重労働だ。阿部さんは、「団地は歩いて回るだけでも大変。体力がいる」と話していた。

インターホンを鳴らすと、76歳の一人暮らしの男性が出てきた。阿部さんは玄関先で20

分ほど、何気ない世間話をしながら、男性の健康状態、生活の様子などを聞いていった。10年ほど前に団地に移り住んだという男性は、近所との付き合いもなく、訪ねてくる人もないという。民生委員の訪問について聞くと、安心できるという。

「何かの拍子で具合が悪くなったりすることもありますからね。たまにでも、来てくれた時、身体の調子とか話もできるし、助かりますよ。それは頼りになりますよ」

男性は、近所付き合いはしたいと思うが、なかなかできないと話していた。

「本当は近所付き合いがあればいいと思うんですが、男一人だと、どうすればいいのか分からなくて、なかなかできないんですよ。今は、まだ話もできるからいいんですけど、これからどうなるのか。寝たきりにはなりたくないですね……」

厚別区のもみじ台地区で一人暮らしの高齢者は、およそ1400世帯に上る。42名の民生委員が手分けしても、月1回のペースで訪問するのは、かなり大きな負担だ。さらに、この地区では高齢夫婦や高齢兄弟など、高齢者だけで暮らしている世帯も年1回訪問している。それだけで精一杯で、親子同居世帯を見守りの対象にする余裕がないという。

「原則として65歳以上の一人暮らしの方であれば、毎月1回は訪問するのですが、訪問した時に『この人は心配だな』という人のところには、頻繁に訪問しなければならない場合もあります。たとえば持病のある人だと、病院に通っているかどうかを確認し、病院に行った翌日には『病院の先生どうだった？　何か言われたか？』と結果も聞き取って、さらに薬を飲んでいるかどうか、定期的に確認しなければなりませんからね」

ところが、こうした訪問活動の中で、「一人暮らし」だったはずの訪問先で、突然、戻ってきて同居を始めた息子や娘と遭遇するケースが目立って増えているという。会長の野村さんは、実際の数は分からないけれど、驚くほど頻繁に目にすると話してくれた。

「今まで一人暮らしだったところに子どもさんたちが何らかの事情があって戻ってきて同居するだとか、そういうことは結構あります。一人暮らしが対象の訪問活動ですから、一人暮らしだと思って訪問しているわけですが、突如、同居を始めているケースは少なくありません。そうした家族は、実際に訪問すると何らかの問題を抱えている家族が多いですね。子どもと同居してから、逆にさまざまな問題を抱えてしまうのかもしれません」

阿部さんも、担当の高齢者の家を訪問した時に、一人暮らしだったはずが、中高年の子どもが家に戻ってきている姿を目にした経験が何度もあるという。

「高齢の親の住む家に息子さんが帰ってきても、なかなか仕事がないというのは、私の受け持ちの中でもいろいろ聞きますね。親の面倒を見ようと、同居を始めたけれど、地元ではなかなか仕事が見つからない。そういうケースが出てきていますよね」

一人暮らしだった世帯に子どもが戻ってくると、民生委員の訪問も対象外になる。しかし、訪問を止めた後にも、「子どもが帰ってきて嬉しいけれど、生活費がかかるようになって苦しい」という相談を持ちかけられることもあるという。

「65歳以上で一人暮らしの世帯を対象に見守り訪問をしていますが、この原則は変えていかなくてはならないと感じています。一人でも十分に元気な方には毎月のように訪問することはせず、親子同居世帯でも健康状態が悪いケースや、経済的に困っている家庭などに積極的に訪問をして、行政の支援につなげていくという方向へどんどんシフトしていかなくてはならないと思っています」

地域の見守りはどうなるのか

2015年の秋祭りが近づいた頃、もみじ台地区の民生委員協議会の野村会長は、祭りの準備をするため地元の神社を訪れていた。野村さんは、平日も休日もなく、毎日、民生委員としての仕事がぎっしり詰まっている。地域社会のリーダーとして、役割は多岐にわたっているが、今、民生委員は後継者問題という大きな壁に直面している。野村さんは、見守り訪問の対象を広げるため、さらに多くの人手が必要だと考えているが、今の人員を確保することさえ、見通しが立たなくなってきているのだ。

「もみじ台だけじゃなく札幌市でも、全国で見ても同じ状況みたいです。民生委員自体が高齢化しているんですが、後を継いでくれる人が地域で見つからないんですよ。そういう状況ですからね、見守りを広げたくても民生委員の人数を増やすというのは、無理でしょうね」

野村さんは、そういってため息をついた。

「責任の伴う大変な仕事ですからね、誰でもいいという訳にもいかない。来年、もみじ台でも今の42人の委員のうち11人が75歳で定年退職することになっている。11人を新たに探せるのか、心配ですよ」

このような状況では、現在の見守り活動を維持していくことさえ、難しくなる可能性もある。見守り活動をはじめ、地域社会をつなぎとめる上で大きな役割を果たしてきた民生委員が足りず、すでに欠員が出始めているという事実――高齢者世帯の支援を地域がどういう枠組みで進めていけばいいのか、大きな壁にぶつかっているのは厚別区だけではないだろう。

就労支援で「親子共倒れ」を防げるか

〝親子共倒れ〟の問題の根本には、安田昭男さんのように、中高年の世代が親を支えなければならないがゆえに非正規雇用の仕事にしか就くことができず、正社員に比べると収入が安定しないという雇用問題が背景にある。収入が不安定な子どもが、年金で暮らす親と同居した場合、親の介護や医療が必要になったり、子どもの病気などがあったりすると、一気に生活が立ちゆかなくなる恐れがある。さらに、非正規雇用で働いている子どもは、年金保険料を支払う余裕がないケースも多く、将来、老後破産が避けられなくなるという「負の連鎖」が起きる懸念も専門家が指摘している。

国や行政も指をくわえて、この問題を放置しているわけではない。不安定な生活に陥っている人たちを支援しようと、「生活困窮者自立支援制度」を2015年4月にスタートさせ、様々な具体的施策に乗り出している。札幌市では制度に先駆けて、2013年から厚生労働省のモデル事業として、厚別区と豊平区に「生活・就労支援センター」を設置した。モデル事業を通じて、親子が同居していても生活困窮に陥るケースが増えているという調査結果を受け、これまで行き届いていなかった中高年の就労支援にさらに力を入れるため、札幌雪まつりで有名な大通公園に隣接するビルに「札幌市生活就労支援センター『ステップ』」を開設した。

ステップでは、どのような支援が行われているのか、実際に行ってみることにした。中に入ると、小さく区切られた相談室が並んでいて、ドアには「相談中」の札がぶら下がっていた。主任相談支援員である佐藤真貴子さんに、空いている個室に案内してもらい、ステップの相談事業について具体的に教えてもらった。

「こちらに、個人情報が入っています」

鍵がかかったキャビネットを開くと、相談者の相談内容をカルテのようにまとめたファイルが並んでいた。

「ファイルの中は、個人情報ですので見せられませんが、半年で寄せられた相談件数は、合わせて849件になります。30代から50代の人が多いですね」

「どういう形で支援を進めるんですか？」

就職先を探すことが条件面でも難しい中高年をどう支援するのか、具体的に聞いてみた。

「相談者が就労したいという意思を確認できたら、相談員と一緒にどういう計画を立てて進めていこうかというところから始まります。いつまでに、どういう形で就職するのかということを軸に計画を立てるんです。その目標に向かっては何が必要なのか、何をしなければ実現できないのかを考えてゴールに向かって一緒に支援をしていく、こういう流れになっています」

計画を立てるだけで、それまで自分の力だけで就労しようとしても難しかった人たちを、実際に就職に結びつけることはできるのだろうか、という疑問を佐藤さんにぶつけてみた。

「経済的に困っている人の場合、自分一人で何とかしたいと思って悩んでいる人が、とても多くいるんですね。しかし、ここでは私たちと一緒に自立を目指します。まず、仕事探しでは、これまでの経験とか、得意としている分野、逆に苦手分野を聞き取って、その方に一番合った職種、あるいは自分では気がついていないけれども、その得意な分野を生かしてキャリアチェンジの提案をするといった形で支援しています」

昭男さんが、自分の得意分野――フォークリフトの免許を生かした仕事――でさえ日払いの仕事しか見つからなかったことを思い浮かべながら、さらに質問を重ねた。

「北海道の雇用状況をみると、40代、50代の人たちが安定した仕事に就きたいと思っても、仕事先というのはあるんでしょうか？」

「全国と比べると有効求人倍率は札幌の場合はやや低い状況です。今年に入ってから、改善はしていますので、一時期に比べたら求人が増えてきたとは思いますが、希望の職種や仕事が必ずしもあるかというと、絶対にありますとは申し上げられない状況ですね」

やはり厳しい現実があることが分かってきたが、佐藤さんの説明によれば、仕事の内容や職種にこだわらなければ、仕事を見つけることはできるという。実際に、キャリアチェンジをして成功した事例について詳しく聞いた。

「相談に訪れたのは、50代の男性で、20年以上技術系の仕事をしてきた人でした。技術系の仕事しか経験がなく、その仕事を辞めた後、同じ技術系の仕事だけを探しても見つからず、2年余り、無職の状態だったため、相談に来た時には、貯金も底をつきそうになっている切羽詰まった状況でした」

相談員は、まず、これまでの仕事内容を詳しく聞き取っていった。技術系といっても、取引先との折衝業務や商品に対しての苦情処理なども経験があったと分かり、人との折衝、人との対応が十分にできるので、そういったところを生かして仕事を考えてみるよう提案した。

「話していても、人当たりが柔らかい方で、十分に対応できる方だなというふうに私たちは感じました。2年間の仕事のブランクがあったこともありますので、まずは短時間のパートの仕事を提案しました」

男性に提案したのは、駐車場管理のパートタイマーだった。男性は、生活費のために働きたいこともあって、前向きにやってみたいと言ったという。

「次は、履歴書の書き方などについてもアドバイスをさせていただきました。応募する際、これまでの職務経歴書に具体的な仕事の内容として取引先との折衝や苦情処理などに従事していたことも書き加えるよう指導したんです。面接でも、そうした部分を強調してアピールしたところ、採用になりました。その後、その会社に伺うと、とても人当たりがよく丁寧な仕事をしてくれるので評判がすごく良かったんです。今は、短時間から長時間のシフトへと少しずつ移行しているところです」

こうした成功例は、あるかもしれない。しかし、40代以降になって、経験のない新しい仕事に就くのは容易ではないと感じる人は多いはずだ。また、失業期間が長期化したことで、〝ひきこもり〟のような状態に陥り、働く意欲を失ってしまっているようなケースでは、そもそも仕事に就くこと自体、困難になっている人もいる。こうした人々に対しては、生活習慣を改善し、働く気持ちを起こさせるなど、もっと初歩的な支援から始めなければならない。「中高年の就労支援」と一括りにいっても、ケース・バイ・ケースでかなり時間や労力がかかるケースもあるということが分かってきた。相談員も精神的に寄り添うケアをする人や、仕事を探す人、就労訓練の場を探す人など、それぞれのケースによってチームで支援していくことになっているという。

「相談者の中には、さまざまな就職活動をしてきたものの、なかなかうまくいかなかったことで、自分自身を否定し、自己肯定感を持てない人が少なくありません。そうした場合、その心を解きほぐすことが必要になってきます。そうだ、働こう、まずやってみようという気持ちを持ってもらうことからスタートしなければなりません」

まずは頻繁に相談室に通ってもらい、生活リズムを整えていって、相談の中でこれまでの経験などを聞いていくことで「そういえば働くっていうのはこういうことだったな」と思い出してもらうこと、それが出発点だという。

「働く意欲を徐々に促していき、具体的に就労の準備の段階に進むこともありますが、体調などを崩して辞めたという人の場合は、就労できる状態にまで回復しているのかどうかも本人に確かめながら、ということになります」

生活困窮者の支援をするというのは、「仕事を探す」という単純なことだけではない。この施設では、就労することが難しい場合には、生活保護が必要かどうかを見極め、市役所の保護課へつなぐこともある。本人が働くために、親の介護を頼むことが必要になれば、地域包括支援センターへ紹介することもある。家賃や通勤などの面で住宅の問題があれば、公営住宅などの担当の窓口へ紹介することもある。相談者の自立のためには何が必要なのか、総合的に必要な施策を組み合わせて、悩みを解決し、最終的には就労して自立できるように支援する方策をとっているのだ。この施設の名前が「ステップ」だったことをふと思い出した。さまざまな「ステップ」を踏み、地域の関係各機関が総合力で支援していくことで自立へのステップを前進させていくということだろうか、と――。

一方で〝親子共倒れ〟の問題の根深いところは、家族同士で支え合おうと、自ら問題を抱え込んでしまうことがあることも分かっている。こうした相談窓口に積極的に助けを求めようとしない人も多いのではなかろうか――。待ち受けることしかできない支援の枠組みを、おせっかいをやくような仕組みに変えていくには公的な制度では限界があることも明らかになってきた。

アンケートで見る「老後破産」の実態

親子共倒れは、どれぐらい広がっているのか――。札幌市厚別区の民生委員協議会とNHKが共同で行ったアンケートでは、その実態を具体的に把握しようという調査を行った。厚別区の地区の民生委員がアンケート用紙を配布し、高齢者がいる1731世帯から回答を得た。

まず、世帯状況を調査したところ、夫婦二人暮らしが最も多く、全体の42％、次いで一人暮らしが32％。子どもと同居する世帯は、３８５世帯・22％に上った。５世帯に１世帯が子どもと同居しているという割合は、全国平均を上回る数字だ。（図１）

さらに、子どもと同居している３８５世帯のうち、収入が年金だけという世帯を分析すると41％（１５７世帯）にも上ることが分かった。子どもに収入がないため親と同居しているケースが多いことがデータで裏付けられたのだ。こうした世帯のうち、生活保護を受給しているのは、わずか９世帯。中には、満額で６万５０００円ほどの国民年金しか収入がないにもかかわらず、生活保護を受けずに暮らしているという世帯が13世帯あることが分かった。（図２）

次に、高齢の親が子どもと同居する世帯（３８５世帯）の年収について分析した。（図３）

年収で最多が３００万円～４９９万円で30％。今は両親が働いているから困らないという世帯がこれにあたる。次に多いのが２００万円台の世帯で23％。そして、２００万円以下の世帯が、19％を占めた。

さらに子どもの職業についてたずねると、仕事をしていない（無職）世帯が、82世帯で

札幌市厚別区における高齢者の実態アンケート調査

（札幌市厚別区民生委員協議会とNHKによる共同調査）

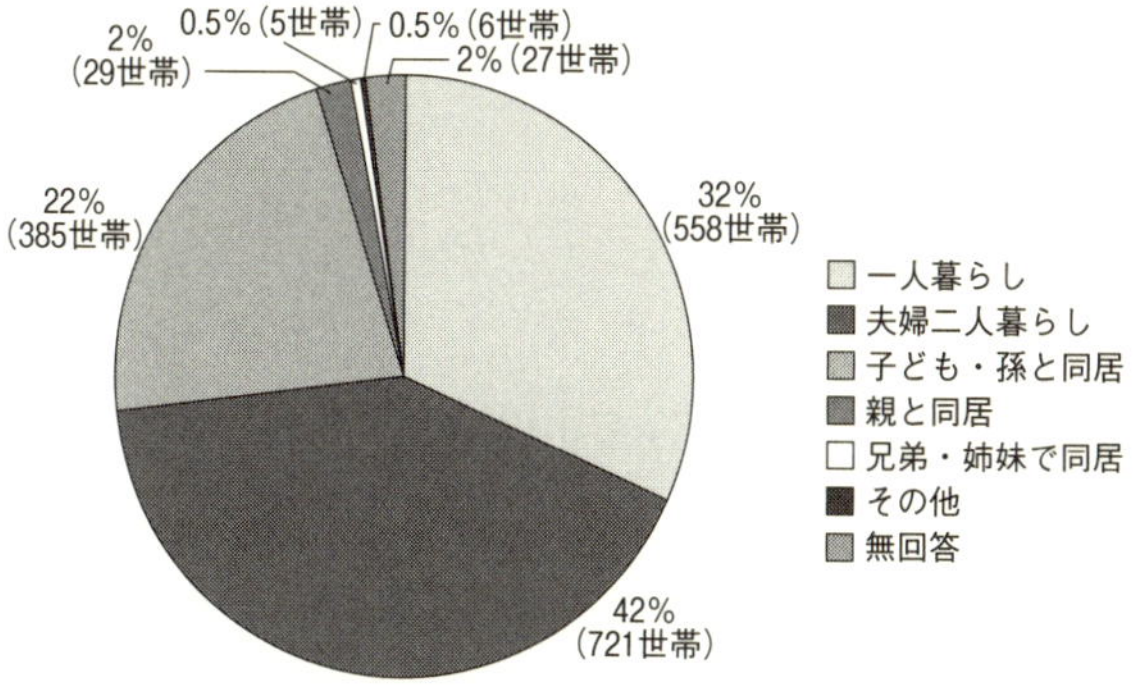

図１　世帯状況

（高齢者がいる1731世帯からの回答の内訳）

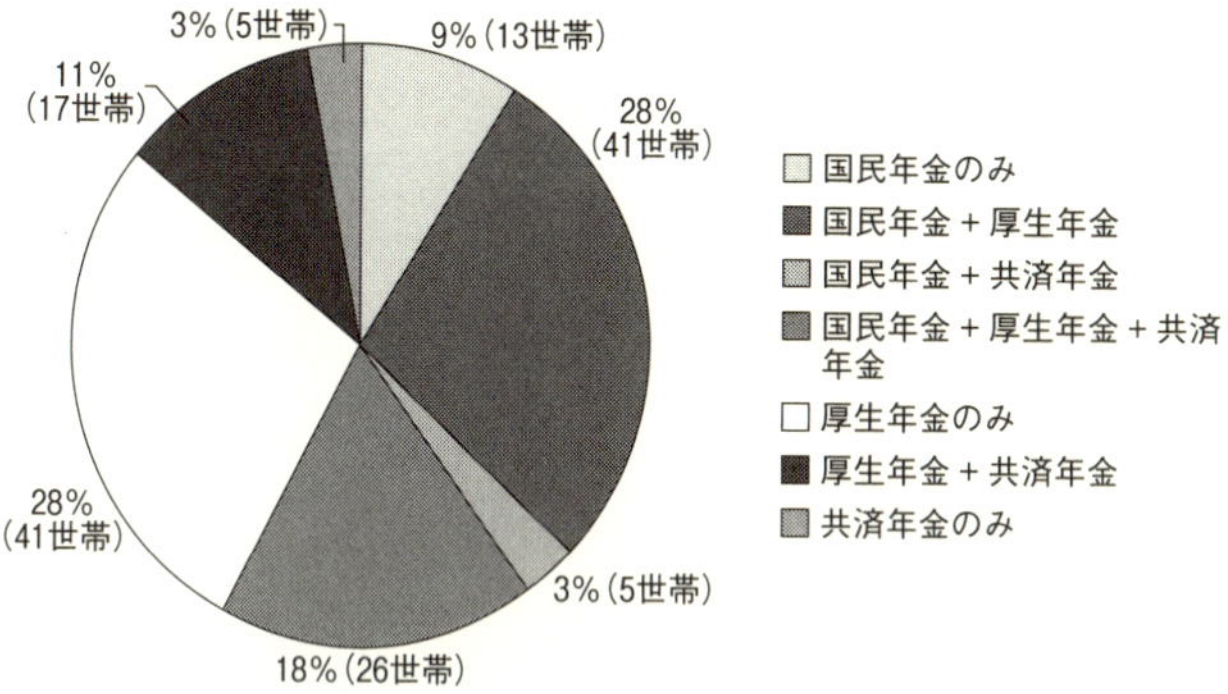

図２　世帯収入の状況（年金の受給状況）

（「子ども・孫と同居」と回答した385世帯のうち、収入が年金だけの148世帯からの回答の内訳）

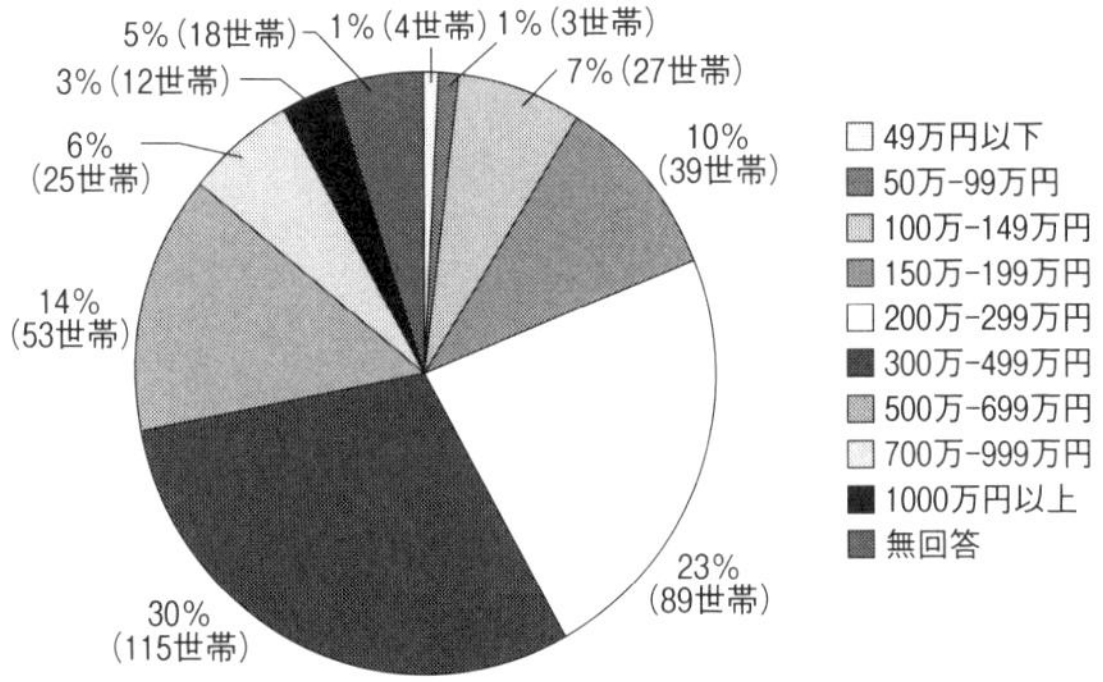

図3　各世帯の年収状況

(高齢者がいる1731世帯のうち、「子ども・孫と同居」と回答した385世帯からの回答の内訳)

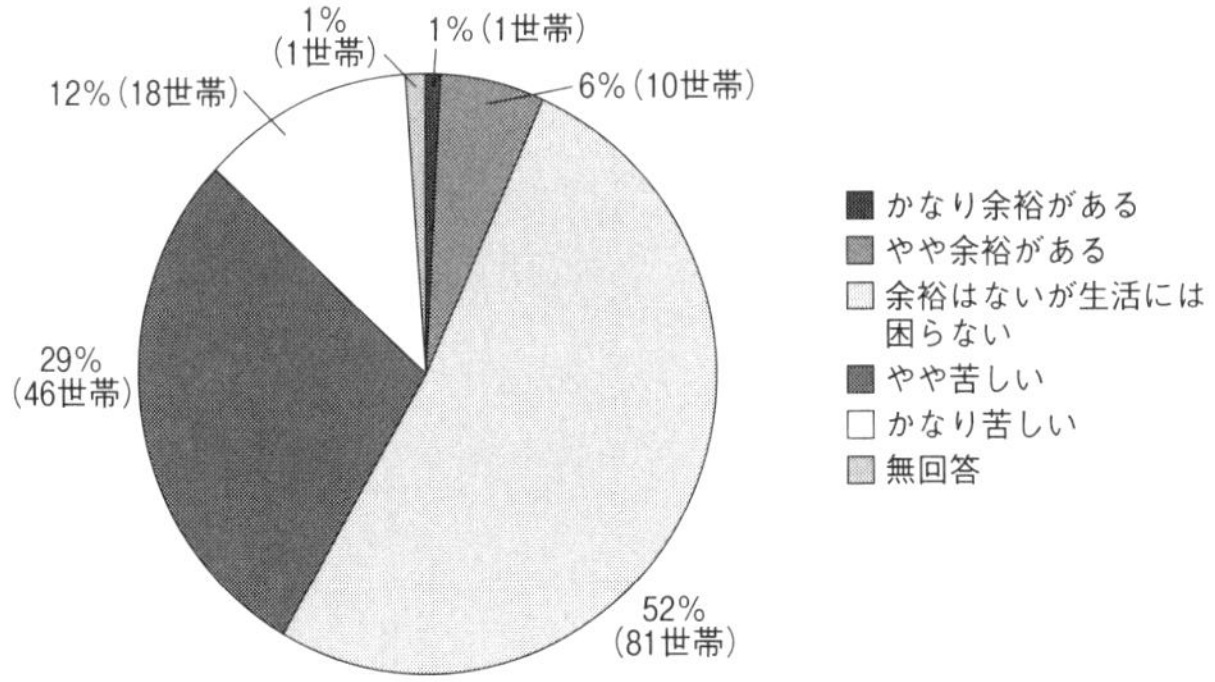

図4　現在の経済状況をどう感じているか

(高齢者がいる1731世帯で、「子ども・孫と同居」と回答した385世帯のうち、収入が年金だけの157世帯からの回答の内訳)

21％に上り、派遣社員やアルバイトなどの非正規の仕事をしているケースが１１５世帯・30％だった。合わせると半数が子どもの収入が不安定な状況にあることも浮かび上がってきた。

こうしたデータから、子どもとの同居によって「老後は安心できる」という保証はなく、むしろ子どもが高齢の親に頼って同居していることがみえてきた。

さらに、一度、子どもが独立して別居した後、再び同居した世帯は１４５世帯と、同居世帯の4割近くに上ることも分かった。理由については、子どもの転勤や失業、離婚など、子どもの側に理由があるという回答が、１０１世帯・70％、親の病気や介護など親の側に理由があるという回答が25世帯・17％、どちらということもないが経済的な理由で同居していると答えた世帯が19世帯・13％となった。

一方で、アンケートの分析によって、驚きの結果が出た設問もある。同居世帯のうち、収入が年金だけしかない１５７世帯に対する「現在の経済状況について、どのように感じていらっしゃいますか」という設問の回答を分析した。（図4）

「かなり苦しい」という答えが大半を占めると思っていたが、分析結果は逆だった。「かなり苦しい」と答えたのは、わずか12％（18世帯）。逆に、「余裕はないが、生活には困らない」が最も多く、52％（81世帯）という結果だった。

実際にアンケートに答えてくれた家庭を訪ねて、さらに詳しく話を聞いてみると「食費にさえお金が回らない」とか「病院に行く回数を減らしている」という声が多く聞かれた。しかし、食費や医療費も切りつめている状況におかれていても、「経済的に苦しい」とアンケートでは回答していないのだ。

なぜ、生活に困っているにもかかわらず「余裕はないが、生活には困らない」と回答しているのか。取材の現場で感じるのは、時代が大きく移り変わっていても、変わらない意識——変わらない中流意識——に縛られているのではないか、ということだ。団塊世代の人たちの多くは正社員として働いていた頃、「一億総中流」の時代で、「老後、生活に困ることなど、あり得ないと思っていた」と異口同音に話している。

時代が厳しさを増した今でも「自分が生活困窮者であることを認めたくない」という意識が根底にあるのではないだろうか。だからこそ、「働けば、何とかなる」「節約すれば、やっていける」と自分自身で解決しようと努力をするため、周囲に助けを求めようとしない傾向が強いのかもしれない。

実際に、直接お会いして話してみても、強がっているような素振りもなく「明日は何とかなる」と希望をもって、たくましく生きている人たちが多いと感じる。しかし、自分や家族の病気やケガなどで負担が大きくなると、途端に生活が立ちゆかなくなり、老後破産に陥ってしまうケースが相次いでいる。

実際、自治体には、生活に困窮している家庭に対して税金の減免措置や様々な公的サービスの低減措置など、利用しようと思えば利用できるサービスが多種、用意されている。しかし、自分が「経済的に苦しい」と自覚して、行動を起こせばサービスを利用できるが、「困っているけど、何とかなる」と我慢しているだけでは、サービスの利用にはつながらない。支援が行き届かない背景には、こうした意識の問題もあるのだということがアンケートから浮かび上がってきた。

爆発的に増加する「老後破産」予備軍

第二章

自立できない中年の子どもたち

札幌市厚別区のアンケートで浮かび上がった「親子共倒れ」の現実――中には「今は大丈夫でも、いずれ〝共倒れ〟が避けられなくなる」というケースも多く見受けられた。中高年になる子どもが独立できず同居し、高齢の親たちがメインで働いて家計を支えている家族は、多くがこうした「将来の共倒れ」のリスクを抱えている。そんな家族が増えていることが第一章で紹介したアンケートの調査結果で明らかになった。

いずれ、親が働くことができなくなれば――。

いずれ、親が病気になったり、介護が必要になってしまうと――。

大きな不安を抱えながらも、どうすれば「共倒れ」が避けられるのか、分からずにいる人たちがほとんどだった。

どうすれば、共倒れによる老後破産を防ぐことができるのか――私たちは、将来の不安に怯える家族を取材することで、その答えを見つけられないかと考え、さらに取材を続けていった。

アンケートに答えてくれた家族の中でも、将来の不安を強く訴えていたのが掛川さんの家族だった。世帯の年収は合わせると５００万円を超え、一見、問題のない家族のようにも見える。そんな家族がなぜ追い詰められてしまうのか――掛川さんの家族の取材にとりかかったのは２０１５年４月下旬のことだった。団地の1階にあるお宅を訪ねると、母親の幸子さんが迎えてくれた。幸子さんは、65歳に見えないほど若々しく、元気で朗らかな人柄だった。一緒に話していると、楽しい気持ちにさせられる。

最初は、あまりに元気な様子だったため「この家族は、大丈夫なのではないだろうか」と思ったぐらいだ。しかし、何度か通い続けているうちに、将来に大きな不安があるという本音を打ち明けてくれるようになった。

掛川さんが家族４人で暮らしている団地は、安田さん宅とまったく同じ間取りだったが、家族が多いせいか、少し狭く感じた。30代の長女、同じ30代の長男と夫婦の４人で暮らしていた。

「子どもたちは、ずっと一緒に暮らしてきたんですか？」

「長男が20歳のときに東京へ出て、ずっと東京で働いていたんです。しかし、戻って来てから一緒に暮らしているの」

母親の幸子さんが一番、心配しているのは、38歳になる息子だ。

「東京で暮らしていたのは、どれぐらいの年月ですか?」

「10年ぐらいかな」

息子は札幌市内の専門学校を卒業した後、東京でIT関係の会社で正社員として仕事をしていた。

「正社員だったので、給料は結構もらっていたみたいですね。だから家賃5万円でアパート借りて、やっていたみたいだから、その時は心配していませんでしたよ。アパートに行ったことはあるんですけど、普通の生活をしていましたよ」

しかし、東京で一人暮らしを続けていた息子が、30歳を過ぎた頃、突然、仕事を辞めて東京から札幌の実家に戻ってきた。戻ってきた当初は、表情も暗く、ふさぎがちで、家族と会話をかわすこともせず、何があったのか聞いても話そうとしなかったという。

「IT関係の会社は、正社員でしたけど、リストラされたんですね。その後、フリーで仕事をしようとしていたみたいですが、なかなか仕事が回ってくることもなくて、結局、あちこちから借金して、どうしようもなくて戻ってきたみたいですね」

母親の幸子さんは、息子の心情を推し量るように話してくれた。

「男の子は、普段から言葉にして話さないでしょう。でもね、どうしようもなくなった時に電話きたのよ。電話口で、息子が『帰りたいんだけど』って言うのよ。それから、すぐに帰ってきたんだよね。年も30歳を過ぎていたからね。これからどうするのか、って心配でたまりませんでしたよ」

しかし、息子は同居を始めた当初は再就職どころの状態ではなかったと言う。

「息子が帰ってきたときには、相当ひどかったんだよね。精神的に落ち込んでいて、人の話も一切聞かないように、人を遠ざけていてね。〝ひきこもり〟のような状態になっていて、何でこんな風になってしまったんだろうと思うと辛かったですね」

幸子さんが何を話しかけても、返事をすることもなく、ただ食事しているだけだった息子の様子を見て、仕事でよほど辛いことがあったんだろうと母親なりに理解したと話してくれた。その後、1年近く経って状況が落ち着いてくると、少しずつ話ができるようになり、幸子さんの勧めもあって新聞配達の仕事をするようになった。新聞配達の仕事は今も続いている。朝刊と夕刊を毎日配達して、1ヵ月の収入は10万円ほど。それでも、アパートを借りて自立するのは難しいと幸子さんは思っていた。

「今の収入で生活するといっても、一人暮らしはできないですよね。家賃払って、生活していくには、やっぱり17万～18万ないとね。今は、夫も働いているし、私も元気だから、生活には困らないけどね。私たち親がいなくなったら困るでしょう。やっぱり職に就いてほしいと思いますよね。どんな職でもいいから働いてくれれば……。やっぱり正社員になってくれればいいなと思うけど……この後、どうなるのか考えると、やっぱり心配だね。一番ね」

幸子さんは、心配しても仕方がないけれど、心配でたまらないと繰り返していた。

そして、36歳で同居している娘も同じように幸子さんは心配していた。娘は、これまで一度も実家を出たことはなく、非正規の仕事を続けている。

「スーパーのパートタイマーですからね、娘は。今はいいけど、何か先考えなければダメだって。意外と不器用な子だからね。長い間できるような仕事を見つけなきゃダメだよね」

幸子さんは、心配でたまらないと言いながらも、娘や息子と面と向かって将来の話をすることはないという。どうすればいいのか、分からないからだ。

「話はあまりしないですよ。『どうするの?』なんて聞いてみたりしても、突き詰めて話すことはないです。『今お父さんいるうちはいいよ。この先、困るんだよ』っていう話まではするけど、それ以上は言わない。『だったら、どうすればいいの?』って言われたら、どうしたらいいかなんて、分かりませんからね」

仕事が辞められない高齢の親たち

子どもと同居していることもあって、父親・善治さんは、68歳になっても家計を支えるために働き続けている。フルタイムで働いて、収入は月額26万円ほど。この収入が絶たれれば一家が路頭に迷いかねない。善治さんは、現役時代、送電線の電気関係の技術者だった。60歳で嘱託社員という立場で定年退職せずに働くことを選び、会社の工場で送電線を管理する仕事を続けている。現役時代は、出張が多く、現場に出向いて作業していたのが、自宅から通う仕事になって身体は少し楽になった。しかし、定年後は、1年契約の契約社員となったため、65歳ぐらいまで、1年ごとに、1年間の契約を交わして働いてきた。65歳を過ぎても働きたいと申し出たところ、真面目な働きぶりが評価され「嘱託社員として働ける間は、いつまでも働いてほしい」と会社に言われたという。

父親の善治さんは、普段、非常に口数の少ない人だ。取材で、初めて会った日には、挨拶を交わしただけで、幸子さんと私たちの会話には加わらず、ずっと一人でテレビを見ていた。

そんな善治さんを横目に、幸子さんが口数が少ない夫に代わっていろいろ教えてくれた。

「夫は、もともと漁師さんなの。八雲（北海道の漁師町）の漁師さんで、漁だけでは生計が立たなくなって札幌へ仕事を探して出てきたのよ。生まれた家は、浜のすぐ目の前でね、プライベートビーチがあるような家なの。でも結局、家、全部引き払っちゃった」

札幌に出てきた後、漁師しかしたことがない善治さんが鉄塔に上って、送電線を張り巡らす仕事に就いた。

「船を降りることになってから、漁師さんが鉄塔の仕事するんだから、大変だと思うよ。二十歳ぐらいかな、札幌に出てきたのはね」

漁師を辞めて札幌に移り住んでから、送電線工事の仕事を始めた善治さんは、高度経済成長期、全国の鉄塔から鉄塔へと、送電線を張り巡らす仕事に奮闘した。小柄で痩せていた善治さんだが、「海の男」で体力には自信があり、これまで一度も大きな病気をしていないことが自慢だ。

ただ、若い頃、一度だけ鉄塔から落ちて、大ケガをした経験がある。その話題になると、善治さんはようやく会話に加わった。

「1回だけ、おっきなケガしてね。死ぬ目に遭ったよ」

善治さんが口を開くと、幸子さんは嬉しそうに相づちをうった。

「結婚した年だったよね」

「地方に出張している時でね、複雑骨折したんだ。あっ、折れた、と分かったもん。自分で」

ケガが治ると、善治さんは再び、鉄塔に上って仕事を続けてきた。

「ケガをしてからは、そういうことに気をつけながらずーっとやってきて、まだ健在だ」

鉄塔に上る仕事は60歳を過ぎて引退。今は送電線設備の工場で働いている。仕事をしている様子を撮影したいと頼むと、快く了解してくれた。

約束の朝、家を訪ねた。単身で出張することが多かったせいか、善治さんは朝食は食べず、朝はコーラ缶を冷蔵庫から出すと、ぐびっと飲み干すのが習慣だ。朝から無口で、幸子さんが手渡した弁当を無言で受け取ると、仕事場に向かう。

札幌市の郊外にある工業地帯の一角に善治さんの勤務先の工場がある。工場の中には、善治さんの他に職員が一人いるだけだ。製造現場ではないため、大きな工作機械はなく、送電線を設置するための様々な金属部品が所狭しと並べられていた。善治さんは一日中、そうした部品の整備を行っている。

作業着に着替えた善治さんの手は、すぐに油で真っ黒になった。送電線を巻き付ける車輪のような部品にこびり付いた汚れを、へらを使い、手作業で丁寧に削っていく。「ギコッギコッ」と金属を削る音だけが、静かな工場内に響き渡る。善治さんは一言も発することなく、黙々とただ作業を続ける。その眼差しは真剣そのもの——家族を支えるため、一心に働き続ける姿があった。

手を休めている時を見計らって、おそるおそる声をかけてみた。

「いつまで働こうと思っているんですか？」

「まだ身体、動けるから。目標は70までと思っていたんだけど。まだいけそうかな。家にばっかりいても、だんだんおかしくなるんじゃないかなと思うし……。幸せな方かもしれないね。やっぱり漁師って、身体が丈夫だから、なかなか執念深いんだ」

身体を壊さない限り、限界まで働き続けたいと善治さんは繰り返した。

「ご自身としては、できるだけ長く続けていきたいと？」

「そう。やっぱり生活のためだから。昔は（収入も）微々たるもんで食べていくだけでやっとだったから、年金も掛けていなかったし。私らの時代は、もう食うだけでいっぱいいっぱいだったからね。貧乏人は、どこまでも貧乏人だ。そう思う」

善治さんの言葉は、重く苦しい響きがあった。聞いてみて、善治さんも幸子さんと同じように——むしろ、より切実に将来への不安を感じていたことが分かった。

「父親として、子ども二人の将来を心配していますか？」

「それは心配ですよ。でも、無理やり言っても、仕方ないから何も言わない。子どもたちが自分で頑張ってやるしかないことだから。だって、言えないよ、子どもたちに。『こうやれ、ああやれ』なんて……。この先どうなるか分からないでしょ」

子どもたちのおかれた厳しい立場が分かっているだけに、働くことを無理に勧められないという善治さん。だからこそ、自分が頑張るしかないと言い聞かせているようだった。

「子どもたちも給料があんまりいい職場じゃないから、パートみたいなもんだから。この先も、給料は上がらないでしょう。年金なんて毎年下がっていくし、もともと微々たるものだからね。だから、そういう中で、自分が頑張っているだけ。本当に」

善治さんは、年金収入だけでは4人で暮らすことは難しいと思っている。だからといって、子どもたちに独立を迫ることも難しいと思い知っていた。

「子どもたちが家を出てくれれば夫婦二人だったら、何とかなるかもしれない。でも、今のままじゃ無理だ。やっぱり」

「年金だけでご家族4人が暮らすことになったら……」

「ああ、無理だね。夫婦二人でも大変だよ。だって、会社辞めても、税金や保険料は払わなくてはならないでしょう。少ない年金から市民税や保険料や、いろいろ天引きになるわけだから。大変だよ」

その横顔は、深く刻まれた皺に苦渋の表情を浮かべていた。

「もう、年寄りいじめみたいなもんだな」

ぽつり、と誰に言うでもなくつぶやくと、ため息と一緒に、最後に言葉を吐き出した。

「悲しい……。悲しいけれど、生きていかねばならねえ。生きている以上はね……」

善治さんは、いつまでも自分が子どもを支えることはできないことも分かっていた。その時に、子どもと暮らすことを選べば、家族が共倒れに陥りかねないこともよく分かっていた。

「悲しくても、生きていくしかない」

ゴールが見えないレースを走り続けなければならないランナーのように、体力の限界まで走り続ける——それは悲壮な決意だった。

重苦しい気持ちを抱えて、団地へ戻ると幸子さんがベランダで物思いにふけっている様子だった。

幸子さんも、打破できない状況の中でもがいていた。

「私も、仕事を探しているんですけどね、65歳という年齢ですから仕事ってないんですよね。やっぱり。年齢を聞かれて『65歳です』っていうと、『ああ、そうですか』って門前払い。面接さえ受けられないんですよ」

幸子さんは、せめて自分で働くことで少しでも貯蓄したいと思っていた。

「少しぐらい貯蓄しても、そんなに何年もアテにできるわけではないでしょうけどね。1年でも、2年でも、貯蓄でしのげれば……」

幸子さんは、普段見せたことのない暗い表情で、仕事の収入がなくなった時には生活保護に頼るしか方法がない、と言った。

「仕事の給料がなくなったら、どうやって生きていこうかって夫と話すんですよ。子どもたちと住んでいても生活保護がもらえるのかどうか、それが一番の不安です。老夫婦二人だけなら、年金で足りない分は生活保護を受けられるんでしょうけどね。本当に、どうしたらいいのか……」

親だから子どもを守りたい——しかし、いつまでも守り切れるものではない。子どもたちは厳しい状況を抱えている——しかし、一緒に暮らしていても将来が見えない。

善治さん、幸子さん夫婦にとって、全く想像していなかった老後だった。

社会との〝つながり〟を断って生きる息子

母親の幸子さんが一番、心配している38歳の息子は、朝夕、新聞配達の仕事をしているが、配達に出かける時以外は家にいる時間が長いはずだが、ほとんど姿を見ない。食事の時を除いて、自分の部屋にこもっている。部屋にはパソコンがあって、インターネットを通じて友人とコミュニケーションをとることはあるが、直接、人と会うこともほとんどない。母親の幸子さんを通じて、私たちも会いたいと伝えたが、「会いたくない、話したくない」というばかりで、会えるチャンスはなかった。

しかし、他人と接点を持とうとしない息子だったが、幸子さんには母親思いのところもある息子だという。昨日、取材を嫌がる息子と久しぶりに会話を交わした、と幸子さんは少し嬉しそうに教えてくれた。

「お母さんのことをどう思っているの？」

幸子さんは、いつまでも面倒を見てあげられるわけじゃないんだよというつもりで息子にそう言った。すると息子からかえってきたのは、意外な答えだった。

「お母さんのことは、僕が面倒を見るから」

「面倒見るって、どうやって見るの？」

思わず聞いてしまった幸子さんに、息子はうつむくばかりだったそうだ。

「どういうふうにすればできると思うの？　今の状態でなんかできないよ」

重ねて問いただすと、息子はきっぱりと言い切った。

「そんなの考えてる」

将来のことは、考えているという息子に「何をどう考えているの」と幸子さんは言いそうになったが、せっかく考え始めた息子の思いに水を差したくないと言葉を飲み込んだ。

結局、取材中に息子と直接、話をすることはかなわなかった。家にいても自分の部屋に閉じこもり、出入りで顔を合わせても、無言で部屋に戻るだけだった。幸子さんは、そんな息子の様子にため息をつくだけだった。

「私たち夫婦がいなくなったら……」

ベランダでいつまでも物憂げに佇んでいる幸子さん――自分たちの老後より、子どもの将来ばかりを心配する親の姿だった。

「働きたくても、仕事がない」

幸子さんと姉妹のように仲が良い娘の真由美さんは、取材に快く応じてくれた。ある日、「昼にはパートから戻るから」という真由美さんにゆっくり話を聞こうと、平日の正午過ぎに団地を訪ねた。まだ、真由美さんは戻っていないため、幸子さんが出迎えてくれた。お腹をすかせて帰ってくる娘のために、昼食を作ろうと幸子さんはキャベツや豚肉、もやしなど具だくさんの焼きそばを作り始めた。ちょうど出来上がる頃合いを見計らったかのように真由美さんが帰ってきた。

母と娘は食卓をはさんで焼きそばを食べ始めた。10歳になるという飼い猫のカルも、そばでおこぼれに与っていた。

「スーパーでは、どんな仕事をしているんですか?」

食事を終えたところで、話しかけると、猫を腕に抱いて話し始めた。

「客相手ではなく、裏方の倉庫で品出しといって、売れた商品を補充したりする仕事をしているんです。以前はレジの担当だったんですけど、その時は合わなくて体調も崩したりしたので、それよりはマシかなって思います」

引っ込み思案なところもある娘の真由美さんは、母親の勤め先だった酒店で母と一緒に働いていたが、その店が閉店になり、母と娘が同時に仕事を失った。次の仕事を探そうにも、正社員の仕事は見つからず、スーパーでアルバイトを始めた。彼女の言うように、当初は客の会計をするレジの仕事だったが、人と接する仕事が大きなストレスとなり、商品管理の担当に替えてもらって、今は午前中だけ働いている。一日4時間のパートタイム労働で、収入は9万円、ひとりで自立して暮らすことは難しい状態だ。両親の老後をどう考えているのか、真由美さんに聞いてみた。

「お父さん68歳ですね。70歳までは働くとおっしゃっていましたが、働けなくなったらどうしますか？」

「不安ですね。今の生活よりもさらに悪くなることは確実だと思っていますけど……」

「ずっとご両親と一緒に暮らしてきたわけですが、これから先、自立したいと考えていますか？」

「今の状況で一人でやっていけるかといったら、無理だと思っています。今の給料では、それこそ、一人暮らしすらできません。一人暮らしで家賃を払うより、家に一緒にいて、その分、他に回したほうが、まだそんなにお金はかからないかなって」

真由美さんは給料の9万円から、3万円を家計に入れている。一人暮らしで家賃を払うより、一緒に暮らした方が生活に回せるお金が増えるという真由美さんの言葉には、両親のそばから離れて暮らすことは考えたくないという思いが滲んでいた。

「お父さんの収入がなくなって、年金だけになってしまうと、かなり厳しいと思うのですが?」

「それは考えていて、少し貯金はしていますけど……それで賄えるかといったら……どうかなって」

真由美さんは、ひと言話しては、黙り込み、だんだん言葉が続かなくなっていった。

「お仕事としては、非正規雇用という形ですけど、この先、その仕事を、例えばもっと正社員を目指してやっていくということは、ご自身ではどういうふうに考えていますか?」

「あっちこっち、面接に行きましたよ……でも……ダメだったんですね。それで……仕事を探すのも……何度も……苦労しましたし」

就職先を探して、ずっと不採用が続いてきたことが真由美さんにすっかり自信を失わせていた。真由美さんのことを誰よりも気にかけてきた母親の幸子さんも、その苦労を知っているだけに「正社員の仕事を探せ」と簡単に言える状況ではないという。

「娘は猫とか動物が好きだったから、ペットビジネスの専門学校へ行ったんだよね。でも、専門学校を卒業しても仕事がなかった。だから、私が働いていた酒店にアルバイトで来るようになってね。それから、ようやく今のパートの仕事が見つかってねえ。正社員といっても、そんな勤め先ないよ。今は、どこもパートさん、アルバイトさん募集、だもんね。『社員で雇います』なんて見たことないよ」

幸子さんは、真由美さんと、午後になって一緒に買い物に出かけた。午後の日だまりの中、団地を貫く大通りを二人が並んで歩く姿は、ほのぼのとした光景だった。二人の背中を見送りながら、この道がどこまでも平坦であって欲しい——親子が一緒に歩き続けられる道であってほしいと、そう思った。

中流家庭だったはずが……

ある日、幸子さんは、戸棚の奥にしまってあった古い写真を一枚見せてくれた。それは、26年前に撮影した家族4人の写真だった。幸子さんと善治さんは40前後、子どもたち2人はまだ小学生で、満面の笑みで写っている。懐かしそうに写真を眺めながら、幸子さんは当時の思い出を話してくれた。

「夫が長い地方出張から帰ってきて、お正月を過ぎてから旅行したんですね。苫小牧の姉の家に泊まった時の写真です」

大きなソファーのある居間で、飼い猫も一緒に写した家族写真だ。

「冬はいつもスキー旅行に行っていたんですよ、温泉に。お父さんだけスキーは滑らずに留守番。私と娘と息子でスキー滑って。毎年、大体がそうなんですよね、正月は。普段は出張先から戻らないから、お父さんと一緒にいる機会がないので子どもたちは大喜びでした」

「幸子さんも働いていたんですか？」

「そう、ずっと働いていましたよ。二人の子どもを産むときだけ、少し休んだぐらいです。あとはずっと共働きで働いてきました」

幸子さんは、クリーニング店など、接客のパートの仕事で家計を支えながら子育てしてきた。出張ばかりでお盆や正月以外、家にはいなかった父親だったが、息子は父親を慕って「お父さんと同じ電気屋さんになりたい」と言うような子どもだったという。

「息子は、機械の組み立てが好きで、ラジコンの組み立ては小さい頃からやっていたんです。『お父さん、お父さん、教えて！　これ！』なんて、本当に仲良くしていたんだよね。今は、違っちゃったけれど……」

「本当に小さい頃から、そうだね。電車だとかそういう機械類の名前は絶対、一度言ったら全部覚えているというような感じの子だったから」

息子は、その後も電気関係の仕事を目指して、高校卒業後、念願の電気関連の会社に正社員として就職することができた。しかし、待っていたのは職場イジメだった。

「卒業して、電気関係の会社に就職はできたんですけれどもね。イジメのようなことがあって、もうイヤだって辞めちゃったのね。2年ぐらいでダメになったの」

その後、ふさぎ込んでいる息子を励まそうと、幸子さんは声をかけ続けてきたが、そのうち「うっとうしい」という態度に変わり、聞く耳を持たなくなっていった。

「ほんと、どうしようかと思うよね。仕事を辞めて、東京から帰ってきたときに、夫の会社に入れたらどうだっていう話もあったんですけど、息子が『いや、俺は電気屋は嫌だ』って。息子には、何か手に職をつけてほしいなと思うけど。本人の心がけ次第なんだろうけどね。何でもやれば働けるなんて言うんですけれどね、それだけの勇気があるかどうかですよ」

息子は、幸子さんに対して「考えている」、いつかは「やれば働ける」というばかりだ。自分の生活さえ守れない状態でも「いつかは親孝行する」とまで言う。そんな息子が幸子さんは心配でたまらないのだ。

「優しいんだ、優しいのは優しいんだよね。でも少し頑固……いつまで、このままなのかなあ」

子どもは思い通りにはならない——幸子さんは、娘の人生も母親の思い通りになってないと言葉を重ねた。

「娘は、お嫁に行って、いつか孫を抱く日がくると思っていましたよ。でも、性格的に人づき合いがあまり得意じゃないというのもあってね、結婚について聞いても、『いや、する気はない』と言うから。お見合いも聞いたら嫌だっていうから……だから言わないようになりました」

パートで働いていたクリーニング店を２０１４年11月に退職して、幸子さんの収入が月額５万円の年金だけになった。夫・善治さんの収入がなければ、夫婦二人でも厳しい暮らしになる。その上に30代の子どもを二人抱えた親子４人の暮らしは、いつかは共倒れし、「老後破産」しかねないリスクを背負い込んだものだった。

「子どもたちの面倒にはならないと思ってきたけれど、まさか二人とも結婚しないで家にいるとは思わなかった、こんな形で一緒に暮らし続けるなんて……」

最後の一言は、いつもの口癖だった。

「なかなか親の思う通りにはならないね……」

「老後破産」の危機

番組の編集に入って、しばらく掛川さんの様子を聞いていなかったので1ヵ月ぶりに電話をかけて訪問の約束を取り付けた。「相変わらず、何も変わっていないわよ」という幸子さんのいつも通りの朗らかな声を聞いて、安心して団地を訪れた。

7月のある日、休日にもかかわらず娘も息子も家を空けていて、幸子さんと善治さんが迎えてくれた。といっても、善治さんは、ソファーに横になってテレビを見ているだけで、幸子さんがいろいろ話してくれた。

「そういえば、お父さん、この前会社で健康診断を受けたんだけど、なんか心電図がおかしかったみたいで。でも本人に聞いても『何も変わりない』って言うから、何だろうかと思っているんだよね」

「え？　大丈夫ですか？　お父さん」

「…………」

善治さんは、触れたくない話題らしく、振り向く様子もなかった。

「まあ大丈夫だと思うんだけど、本人は何ともないみたいだから。一応、病院で詳しく検査してもらうことになってるのよ。何かの間違いだと思うけど」

その後、再検査を受けた善治さんは、心筋梗塞の一歩手前の危険な状態であることが分かった。心臓に近い数本の血管内で、血液が固まり、詰まりかけていて、放置すれば発作を起こし、命さえ危ない状態だった。本人に自覚症状がなかったため、あと少し検査するのが遅ければ、心筋梗塞で倒れていたかもしれないと医師は話した。検査で発見できたため、血流を良くする薬を飲むことで、状態はすぐに改善された。

この検査と治療のために、数日入院することになったことで、「父親が働けなくなったら」という将来が、現実味を帯びるものとなった。当たり前だと思っていた日常は、すぐにでも崩れてしまいかねない状況だった。

「共倒れ」へのカウントダウン

幸子さんは、亡くなった夫の母親の介護を経験している。その経験から、介護が必要になると費用の負担が家計に重くのしかかってくることもよく知っていた。

「おばあちゃんの時には、病院代も大変だったし、介護施設も高くてね。結構、お金かかるんだよね」

善治さんが働けなくなったら——そうなったら病院にも行けなくなると幸子さんは言う。

「医療費を払ってしまったら、食べていけないよ、ほんとに。だったら、病院に行けないよ。ほんと、病院は行かれないわ。市販薬買って飲んで治すようにするよ」

医療や介護の金銭的負担が重いと知っているだけに、息子や娘には背負わせられないという幸子さん——将来に希望がみえない、八方ふさがりの状態だった。

突然、幸子さんは夢の話を始めた。

「夢をみるときがあるの、お金が全然なくなるって夢。お財布を出したら、お金が入っていないのよ……」

お金がなくなるのは、夢なのか、明日の現実なのか——そう語る幸子さんの表情は険しかった。

「死ぬまでが大変だよね。どうやって死んでいくかが問題だよ。だって、死ぬまで暮らしていかなきゃならないんだから。何も希望なんてないもんね」

家族だからこそ、共に支え合おうと一緒に暮らしてきた親子——しかし、同居を続けてきたことが、逆に家族を追い詰めていることになるのではないか——幸子さんは、そう思うようになっていた。

家族にとって最良の道は何なのか、決断を迫られるときが近づく中、幸子さんの心は大きく揺れていた。

「子どもたちは、家にいると何でもしてもらえるって思ってる。でも、切羽詰まったら、結局は暮らしていけない、っていうことになるよね。『もう私たちは面倒を見られないよ。自分で生活してちょうだい』っていう日が来るのよ。それを、今は見ないようにしているだけ……」

幸子さんは、目を背けてきた未来をもう直視しなければならないと思い始めていた。

「引導を渡すしかないよね。いつまでも家に居られても困るって。覚悟してもらわないといけないもの。『お母さんも、お父さんも面倒を見られませんよ。自分のことは自分でしてちょうだい』って言うしかないもの」

しかし幸子さんは、「そう言っても、どうするか答えはないんだけど」と言って言葉を詰まらせた。

「『どうなるのかな、どうなるのかな』っていくら考えても分からないのよ。現実を見ようとすればするほど『ほんとにどうしたらいいんだろう』と分からなくなるよ。夫婦二人なら、どうにかなるけど、4人になると、どうなるのか……。支え合って暮らすことがプラスになるのか、マイナスなのか、それさえ分からない。何かいい方法ないのかって考えてもね……分からない」

非正規で働く人は、雇用全体の4割近くに上り、その数は2000万人余り。今後、年金で暮らす親と非正規で働く子どもという組み合わせはさらに増えていくと見込まれている。

ある日、突然、子どもが失業して親元へ戻ってきたら——。

親の介護のために、同居した子どもが非正規の仕事で介護を担っていくとしたら——。

〝親子共倒れ〟に陥りかねない家族は、構造的にますます増えていくだろう。高度経済成長期には、ごく当たり前の家族だったはずが、老後破産に陥りかねない現実——中流家庭だったはずの多くの家族が老後のリスクに直面している今、新たな支援の枠組みが求められているのではなかろうか。

キャスターコラム　「なぜ、今、親子共倒れが？」専門家に迫る

年金だけでは暮らしていけず、医療や介護費用を切り詰めてギリギリの生活を送る高齢者。私たちはそうした状況を「老後破産」と呼び、とりわけ一人暮らしの高齢者の厳しい実態を取材してきた。そして今回の取材で新たに浮き彫りになってきたのは、そうした状況に置かれているのは一人暮らしの高齢者だけではなかったということだ。家族がいても「老後破産」が避けられないという、逃げ場のない厳しい現実。さらに札幌の安田さん親子のケースのように息子が同居しているために生活保護の受給が止められるという、家族がいても、ではなく家族がいるからこそ、より厳しい境遇に置かれるという事態。胸が苦しくなるほどだ。

ディレクターたちの取材で次々に分かってきた新たな老後破産。では、こうした事態は極めて稀で特別なケースなのか。あるいはより広がりを持つ重大な問題なのだろうか。より普遍的なテーマであるなら番組で取り上げる意味はさらに大きい。そして仮に取り上げるべき重大な問題であるとすれば、その背景に何があるのか、構造的要因はあるのか。そして問題解決の糸口はないのだろうか。知りたいことが次々に浮かんできた。

あるディレクターが興味深い論文を見つけてきた。総務省統計研修所の研究官が書いた「親と同居の未婚者の最近の状況」という論文だ。内容を要約すると、

・親と同居する壮年未婚者（35歳～44歳）はこのところ増え続けていて２０１２年には３０５万人と35歳～44歳人口の16・１％を占める。１９８０年は39万人であり、この30年で８倍近い人数になっている。

・親と同居の壮年未婚者の完全失業率は２０１２年では10・４％で同世代全体の完全失業率４・２％と比べると２倍以上にのぼっている。

親と同居する中年の世代が増加し、仕事に就いていない人も多いという事態が進行しているという内容だ。つまり、これまで取材してきた、家族と暮らしていても「老後破産」に陥るケースというのは何も特別なケースではないということが裏付けられたといえよう。

この論文を書いた西文彦さんに話を聞きにいった。統計研修所は東京郊外、緑豊かな国分寺市にある。西さんは穏やかな表情で私たちのインタビュー取材に応じてくれた。統計

から分かる親と同居の未婚者の状況などを伺ったが、最も印象に残ったのが西さんの次の言葉だ。

「親と同居する壮年未婚者が増えているわけですが、親が万一の状態、つまり病気になったり介護が必要になったりした時には、〝親子が共倒れ〟になるということを今から予測しておかなければいけません。これから5年とか10年でかなり大量の事態が起きる可能性があると思います」

〝親子共倒れ〟が大量に起きるという専門家の指摘は衝撃的であった。この話をうけて、さらに現場取材が続けられた。ちなみに西さんが使ったこの〝親子共倒れ〟という表現は、その後、番組のタイトルとなる。

それにしてもと思う。「子どもと同居すれば老後は安心できる」。かつて日本ではそう思われていたはずだ。子どもの収入で生活し、自分の年金は孫の小遣いなどに充てる。子や孫に囲まれて穏やかな老後を送ることは、もはや幻想に過ぎないのだろうか。

家族がいても（あるいは家族がいるからこそ）老後破産は避けられないという現実。ではなぜこうした事態が広がっているのか、背景にはどのような要因があるのか、そしてこうした事態を改善していくにはどのような対策が考えられるのか、私たちは二人の専門家に話を聞いた。

まず元大蔵省財務官の榊原英資さん。現役官僚時代「ミスター円」とも称された国際金融のプロだ。現在は青山学院大学教授を務める。

「なぜ家族がいても老後破産に陥るのですか」。なによりもまず聞きたかった質問に対し、榊原さんは正社員と非正規で働く人の所得の格差をまず指摘した。

「日本の平均賃金はこのところ20年くらいずっと下がっています。その最大の原因は非正規雇用が増えて、その人たちの給与が少ないということです」

少し補足しておく。厚生労働省の国民生活基礎調査によると、世帯あたりの平均所得額は1996年の664万円をピークにずっと減り続け、2013年には約529万円と年間所得はおよそ140万円も減っている。働けば働くほど給料が増えた高度経済成長時代とは驚くほどの変化だ。この所得が減り続けている大きな要因が非正規雇用の増加というわけだ。非正規雇用は年々増加し、いまでは雇用全体の4割近くにのぼっている。正社員の場合は年齢に応じて給料は上がり中高年になると安定した所得が得られることが多い。一方非正規で働く人の場合、多くは年齢を重ねても所得は増えない。

図5　賃金カーブ（時給ベース）

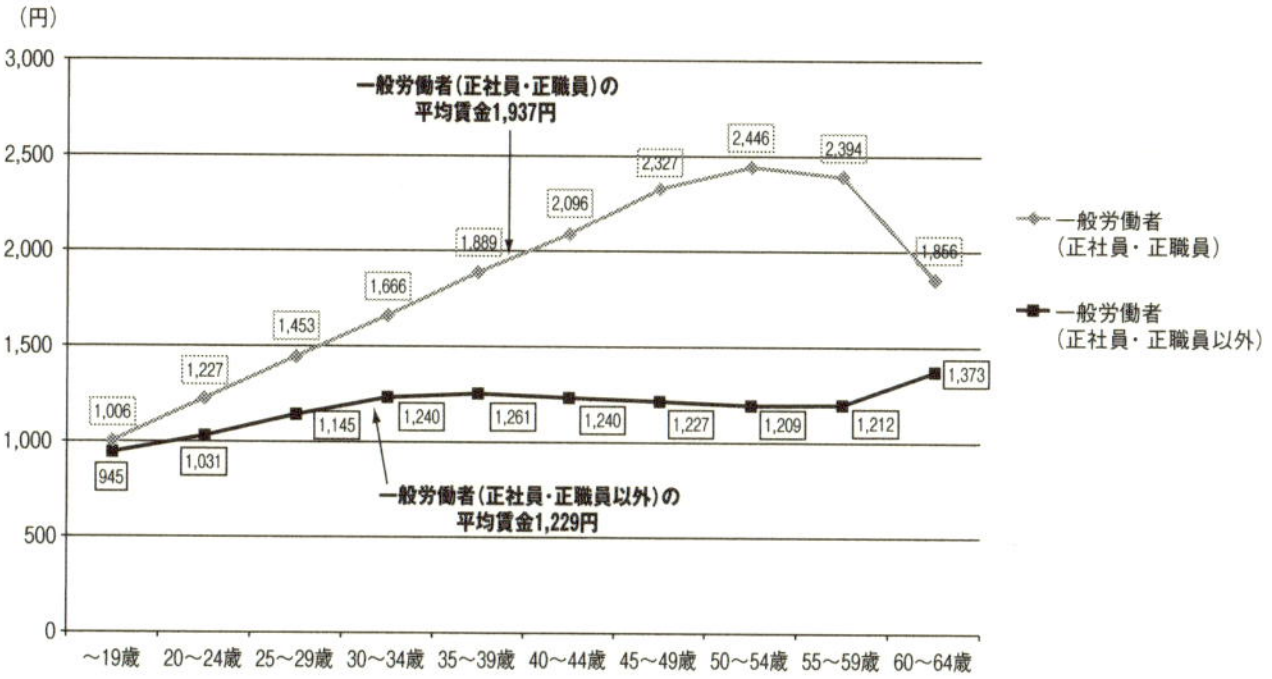

（資料出所）　厚生労働省「賃金構造基本統計調査」（平成26年）雇用形態別表：第1表
（注）1）賃金は、平成26年6月分の所定内給与額。
2）一般労働者の平均賃金は、所定内給与額を所定内実労働時間数で除した値。
3）一般労働者：常用労働者のうち、「短時間労働者」以外の者。
4）短時間労働者：同一事業所の一般の労働者より1日の所定労働時間が短い又は1日の所定労働時間が同じでも1週の所定労働日数が少ない労働者。
5）正社員・正職員：事業所で正社員・正職員とする者。
6）正社員・正職員以外：事業所で正社員・正職員以外の者。

このグラフ（図5）は、厚生労働省がまとめた「賃金構造基本統計調査」（2014年）をもとにしたものだ。正社員・正職員と非正規雇用の賃金カーブを年齢ごとに示している。例えば19歳の時点で両者の時給を比較すると正社員が1006円なのに対し非正規雇用は945円。この時点で両者の差はそれほど大きくはない。しかし年齢を重ねていくにつれて正社員のほうは時給が順調に上がっていくのに対して非正規雇用はあまり変化がなく両者の差は次第に拡大している。例えば50歳〜54歳を比較すると正社員の時給が2446円であるのに対し非正規雇用は1209円と2倍以上も差がある。

ではこうした非正規雇用は今後どうなっていくのだろう。非正規で働く人が正社員になっていければ、若い時はそれでもまだいい。しかし親が高齢となり介護などが必要となる、ちょうど中高年にさしかかった時に非正規で働く人は、正社員と比べて不安定な状況に追い込まれてしまうのだ。

ということは非正規雇用が減っていけば状況は変わるということになる。しかしこれについて榊原さんは否定的だ。

「非正規雇用が増える直接の原因はグローバリゼーションです。つまり中国やインドといった国と競争しなければなりません。中国やインドでできることを仕事にしている人の給料はどうしても下がってしまいます。一方そうした国ではできない技量を有する人の給料は相対的に上がります。つまり中産階級が二極分化してしまっているのです。グローバリゼーションは世の中の流れなので非正規雇用が増えるというトレンドを変えることは非常に難しいと思います」

榊原さんはこのように語り、かつての一億総中流の時代は終わったと指摘する。

ではこの現状をどうすればよいのか、重ねて榊原さんに問いかけた。これに対し榊原さんは次のように提言する。

「いま起こっているのは若年層の貧困化ということです。これを解決するというなら国が介入するしかない。日本の社会保障は高齢者が中心ですが、その枠を広げるかどうかです。そのためには当然、増税しなければなりません」

そしていま必要なのは、政治が大きな選択肢を提示することだと榊原さんは強調する。

「いまのままで、中産階級が崩壊するようなことを放置したまま、ある程度マーケットに任せておくのか、あるいは国が介入して税金は取るけれども若い人たちや中高年に対する社会福祉を充実させるのか。これは政治、行政にとって極めて大きな選択肢なのです。そのことを国民にきちんと提示しなければならないのです」

問題を先送りせず、社会のあり方という大きな枠組みで捉えるべきだという榊原さんの指摘は示唆に富んでいる。

もう一人の専門家は放送大学教授で家族社会学が専門の宮本みち子さんだ。宮本さんには以前担当した『ワーキングプア』など多くの番組でたびたび貴重なアドバイスをしていただいている。

親の年金に頼って親と同居する中年の世代。札幌の掛川さん親子のケースを見ていただき、まず印象を宮本さんに聞いてみた。

「この20年くらいの日本の景気低迷状態の総決算のような光景だと思います。就職氷河期世代が社会に出る頃大きな荒波をこうむって、全員ではありませんが当時の若者たちがそのまま中年期に入ったという感じがしますね」

そのうえでこの親子のケースを取り上げて次のように指摘する。

「先ほどのケースを見て思うのは、あの状態であと10年たったら完全に親子共倒れになるということですね。そのまま放置しておくと、結局ご両親の老後の生計が成り立たなくなっていくということになり、最終的に行政としてご両親の老後の負担をやがては負わなければならなくなるわけです。問題はそのことを行政が実は分かっているのに放置しているということなのです」

もうひとつ聞きたかったことがある。日本の家族のあり方についてだ。大家族から核家族、そして単身化へと戦後日本の家族のあり方は大きく変化してきたが、ここへきての親子同居。これまでとは流れが変わってきたのだろうか。

「社会が安定し豊かになっていく中で核家族が生まれ、子どもが巣立った後は高齢期に達した夫婦が年金で生活できる時代がありました。そしていま年取った親と中年の子どもの組み合わせという例外的なタイプが生まれているということになります。専門家の間では『家族多様化の時代』と認識されているのですが、自由な選択の中でそれぞれが自由に家族の形態を選ぶのならいいのですが、問題は選ぶというのではなく、やむを得ずして年を取った親と仕事がなくなった子どもが同居せざるを得ないという側面もある。つまり日本の家族多様化は格差拡大の中での多様化なのだという気がします。恵まれた人は個人の自由で選び取るのですが、もう一方では、生存のためにある形を選ばざるを得なくなっているのです」

宮本さんは家族形態の変化をこのように解説してくれた。

では親子共倒れになりかねない現状をどうすればいいのか。宮本さんは、子どもと同居することがむしろ生活の面ではマイナスになってしまう現在の制度のあり方を厳しく批判した。

「あれは生活保護制度の欠陥だと思いますね。子どもが働けば働くだけ生活保護費が削られていくとすると働かないほうがよくなる。そうした制度は見直さなければなりません。親が経済的に困窮している場合に生活保護を受給しつつ子どもと同居することはむしろ推進したほうがいい。親の介護のために戻ってきた子どもが、そのために仕事を失うことは放置すべきではありません。住まいや就労支援などが必要だと思います。そしてそういうことのためにお金を使うこと、出し惜しみしないことが、長期的にみるとこの社会を健全な形で維持することになると思うんです」

榊原さんは問題の背景にあるグローバル化を、また宮本さんは家族と社会のあり方を強調していた。専門分野が異なることから二人は違うアプローチを取っており、自ずと力点の置き方も異なる。ただ二人に共通していたのは問題をこのまま放置してはならないということだ。これについては個人的な思いがある。

10年前の２００６年に、私たちは『ワーキングプア』という番組を作った。ワーキングプアというのはまじめに働いても生活保護水準以下の暮らししかできない人たちのことをいう。この番組は当時大きな反響を呼んだ。この問題の背景にあるのが、やはり非正規雇用だった。当時、非正規雇用は雇用全体の3割だった。それから10年。非正規で働く人はさらに増加して4割近くにのぼる。「ワーキングプア」という言葉は今では日常会話の中でも使われるようになっている。いいかえると問題は解決していないということだ。２００６年12月に放送した『ワーキングプアⅡ〜努力すれば抜け出せますか〜』で私は番組の最後を次のように結んだ。少し長くなるが一部を紹介したい。

「私は今回も現場に行ってきました。そこで最も強く感じたのが、ワーキングプアは一部の人たちだけの問題ではなくて、病気、親の介護、そして老いることなど身近な出来事がきっかけで、誰にでも起こりうるということでした。番組で紹介した人たちは子ども、親、そして妻といずれも家族のために懸命に働いていました。自らの境遇を誰のせいにもしていませんでした。それでも、ワーキングプアから抜け出せないのです。これ以上の自助努力を求められるでしょうか。ワーキングプアの問題を放置することは、もう許されないと思います。……問題を先送りすることはできません。このままでは、若い世代の人たちが未来への夢や希望を持てない社会になってしまうからです。競争社会をこのまま突き進むのか、それとも別の社会を目指すのか。ワーキングプアの問題は、私たちひとりひとりにまさに選択を迫っているのです」

この「ワーキングプア」というところを「老後破産」あるいは「親子共倒れ」と変えても意味は通じる。つまり背景にある構図は何も変わっていないということだ。その意味で問題はずっと放置されたままなのかもしれない。残念ではあるが厳しい現実を突き付けられている気がする。それでもなお事実に基づく問題提起はこれからも継続していく。報道に携わる者としてのささやかな矜持をもって。

第三章

「介護離職」——SOSを出せない悲劇

「なぜ親子が遺体で……」

2015年1月14日、岩手県の地方紙「胆江《たんこう》日日新聞」の1面に掲載された記事に目が釘付けになった。それは、寒い冬、90代の母親と介護をしていた60代の息子が同時に遺体で発見されたという記事だった。

単身介護　連鎖の最期
頼りの息子自宅で病死　年老いた母も息絶え

記事のタイトルを見て、取材チームは「親子共倒れの末に、命が失われるケースもあるのか」と驚き、記事のコピーを手に現場に向かった。なぜ、この親子の命が失われることになってしまったのだろうか。

親の年金で十分な介護費用を捻出できなかったり、子どもが最期まで、そばで親を支えたいと仕事を辞めたりするなどして、同居して親の年金で介護生活を送る家族は少なくない。

国の統計でも、親の介護を理由に仕事を退職（転職）する人は年間10万人規模に上る。毎年、10万人ぐらいが仕事を離れているとすれば、親の介護は数年から数十年続くわけだから、介護離職して厳しい状況におかれている人は、数十万人の規模に上るかもしれない――。

それは「一人暮らし世帯」、「高齢者だけで暮らす世帯」とは違い、見過ごされてきた「親子共倒れ」の問題を、命に関わる危険性がある事態だと気づかされた事件だった。

誰にも気づかれないまま亡くなった親子

岩手県、奥州市水沢区。山に囲まれた小さな農村には、米作り農家が暮らす家が点在し、豊かな田園風景が広がっている。穏やかな空気に包まれるこの村で、親子二人が同時に亡くなったというニュースは地域に大きな衝撃を与えた。それは、のどかな農村で起きた突然の悲劇だった。

亡くなった佐藤ミツさんは91歳。息子の武さんが母親を介護しながら、二人で暮らしていた。死後に警察や自治体が調査したところ、先に亡くなったのは、息子の武さんだということが分かった。64歳だった武さんは、肝炎が重症になっていた。突然、発作を起こし、倒れた武さんはそのまま亡くなり、残されたのが病気でほとんど寝たきりの母親のミツさんだった。食事や排泄の世話など身の回りのことはすべてを武さんに任せていたため、その武さんがいなくなった後、さぞかし心細かったことだろう。深夜や早朝、氷点下の寒い部屋のなかで、ミツさんは、武さんの名前を呼び続け、その姿を探し続けた。発見された時、歩けないはずのミツさんの遺体は、ベッドから出て、居間に通じる廊下にあった。武さんのもとへたどり着こうと、這うようにもがいている姿だった。武さんの遺体とは、わずか2メートル——武さんは、その廊下とふすま1枚を隔てた居間で亡くなっていた。

二人が亡くなった時、いちはやく駆けつけたのがミツさんの義理の弟、佐藤稔さんだ。私たちは、当時、どのような状況だったのか話を聞こうと遺体が発見された自宅を案内してもらった。農村から続く狭い山道を奥へ奥へと進んでいった先に二人が暮らしていた家はあった。でこぼこの砂利道を進んでいった先にある集落は、人が住んでいるのはミツさんと武さんの家、一軒だけで、ほとんど人が訪れることがない。武さんが亡くなってから、砂利道の手入れをする人がいなくなり、車で通ると、乗っているのが大変なほど、でこぼこ道が続いていた。冬の時期には、武さんが一人で除雪をしていた道だ。

山道を抜けた集落の真ん中に大きな青い屋根が見える。それが佐藤ミツさん、武さん親子が暮らしていた家だった。車を降りると、家の周りにたくさんの野菜が植えられているのが見えた。ハウスの骨組みが残されていて、本格的に野菜を栽培していたことを窺い知ることができた。武さんは、その畑に毎年かならず里芋を植えていた。里芋は、ミツさんの好物だったからだ。食べきれないときには、知人に配るほど、栽培していた。玄関がある土間には、車いすが残されていた。ミツさんが使っていたものだ。ふとすれば、家の中から住んでいる人が出迎えてくれるような錯覚に陥るほど、その家は亡くなった「その日」のままを留めていた。

稔さんは鍵を開けると、家の中へと案内してくれた。玄関に入って正面に見えるのが、武さんがいつもくつろいでいた居間だ。そのすぐ隣の部屋には、介護用のベッドがある。ミツさんが過ごしていた部屋だ。部屋には、簡易トイレや紙おむつが整然と置かれていて、武さんが、几帳面な性格だったことを窺わせた。

稔さんは、二人の遺体が発見された当時の様子を話してくれた。

「武は、この居間で亡くなっていた。こたつに入って、布団をかけている状態だった。本当に突然だったんじゃないかな。眠るように息を引き取っていた」

先に亡くなった武さんの死因は、病死。遺体解剖後、肝炎を悪化させた末に発作を起こして急死していたと分かった。

「母さんのミツさんは、寒かったろうし、『たけし、たけし』って呼んだんだべな。それでも、返事がないから、ここまで這ってきて、（廊下の真ん中あたり）ここで凍死してしまったんだろうな」

ミツさんの遺体が発見されたのは、武さんがいた居間へ続く廊下だった。自力で歩けないミツさんは、武さんの異状に気づいても、様子を見ることもできなかったはずだ。それでも、ベッドから出て、腕の力だけで不自由な身体を引きずるようにして、這って武さんのもとへ向かっていたのだ。途中で力尽き、武さんの遺体を見ることもなく、廊下で亡くなっていた。ミツさんの死因は、「低体温症」。氷点下の凍える寒さの中、それでも布団を出て、武さんの姿を確かめようと板張りになっている廊下を必死で這っていったミツさん。ミツさんが亡くなったのは、武さんの死から数日後だとみられている。その数日、どんな思いで生きたのだろうか。親戚の稔さんは、亡くなる時も一緒だったことがせめてもの救いだと、言葉を詰まらせながら話してくれた。

「仲のいい親子で、長い間、ずっと二人で暮らしてきた。亡くなる数日前、年末に、武に会った時にも、いつもと変わらない様子で、お茶飲んで別れた。それが最後の姿になるなんて……。最期まで二人きりで逝ってしまったよ。母さんも武も、ずっと二人で生きてきたから、二人で一緒に天国で過ごしているんだと思うよ」

二人が暮らしていた集落の小高い丘の上の墓地に向かった稔さんに同行させてもらうことにした。ちょうど夕暮れ時で、オレンジ色に染まる景色の中に墓地があった。墓石を見ると、「ミツ」「武」と親子の名前が仲良く並んで刻まれている。悲劇的な最期を迎えた親子がせめて安らかに眠って欲しいと思いながら手を合わせた。

二人の死は避けられなかったのか

武さんとミツさんが暮らしてきた家は広いが、よく見ると障子や襖は破れたまま修繕されておらず、壁や柱の傷も目立っていた。亡くなる前、生活に余裕がなかったことを窺わせていた。この家を訪ねてくる人は、ほとんどなく、二人はひっそりと暮らしていた。
二人の遺体が発見されるきっかけとなったのは、ケアマネージャーからの連絡だった。

母親のミツさんがデイサービスに顔を見せないことを心配したヘルパーからの連絡で社会福祉協議会の職員が家に向かい、二人が家の中で倒れているところを発見した。

亡くなるまでの経緯を取材しようと、奥州市社会福祉協議会を訪ねた。私たちが疑問に思ったのは、母親のミツさんは91歳で寝たきりの状態だったのだから、毎日、訪問介護サービスを受けてもおかしくないということだった。なぜ、もっと手厚い介護サービスを受けていなかったのか。頻繁に訪問介護サービスを受けていれば、もっと早く発見できたか、命を救えたのではないか。こうした疑問に対して、社協（社会福祉協議会・以下略）の長谷川伸さんにたずねると、長谷川さんは苦渋に満ちた表情で答えた。

「ミツさんは、十数年、デイサービスを利用していますが、だいぶ歳をとってきて、身体も不自由になってきたので、もっとサービスを増やしても良かったと思います。介護保険の制度上は、週1回のデイサービスだけでなく、訪問介護サービスなども増やせるはずだったのですが、二人がそれを希望しなかったのです」

長谷川さんの話では、担当のケアマネージャーがサービスを増やすように提案しても、二人は「今のサービスで十分です」と断っていたという。

「やはりサービスを利用するには、お金がかかりますから。デイサービスですと、1回千数百円ぐらいかかるんですが、それを2倍に増やすと、お金もその分負担となります。息子さんも、ご本人もできる範囲で精一杯、支え合っておられたんだと思います」

長谷川さんは、二人の経済状況を推し量り、それ以上、現場のスタッフがサービスを無理に勧めることはできなかったと説明した。経済的に余裕があれば、もっと頻繁にサービスを受けてもらえていたらと考えると、取り返しのつかないことだと分かりながらも、命を救えていたのではないかと思えてならなかった。老後の経済的な限界が介護サービスを遠ざけ、結果的にＳＯＳを掬《すく》いとってくれたかもしれない「つながり」を希薄にしてしまうことを改めて思い知らされた取材だった。

前述のとおり、死因の調査によって、武さんがかなり重症の肝炎を患っており、それが原因で発作が起こり、そのまま亡くなったと判明した。それほど重い肝炎であれば自覚的な症状や発作の前兆があったはずだが、武さんは、自分の体調が悪いからといって病院に行くことはなかった。四六時中、母親の介護に追われ、時間的にも経済的にも余裕がない中で、自分のために病院に行くことなどできなかったのだろう。

二人きりの暮らしは、どのようなものだったのか――二人をよく知る人たちに取材をすることにした。

周囲がうらやむ仲良し親子

ミツさんと武さんは、どのような親子だったのかを知ろうと、近所の人たちや、親戚に話を聞くことにした。まず、二人の自宅から車で30分ほどのところで暮らす親戚のもとへ向かった。大勢いる親戚の中でも武さんと年齢も近く、幼い頃から仲良く遊んで育ったミツさんの妹の息子、菊地則夫さんに話を聞いた。

菊地さんは、行き来できるところで暮らしていながら、親子を救うことができなかったことを悔やみ続けていた。最初は口が重かった菊地さんは、「多くの人が親の介護に悩む時代に、武と同じような悩みを抱えている人を救うことにつながるのであれば」と言いながら、話を聞かせてくれた。

年明け早々、突然、ミツさんと武さんが亡くなったことを聞いた時、菊地さんは、その事実を受け入れられなかったという。

「年が明けて、社協の職員の方から、二人が亡くなったと聞いた時には、とても信じられない気持ちだった。母のミツさんは、90歳を超えていたから、やむを得ないこともあったかもしれないけれども、まさか64歳で元気そうだった武まで死んでしまうなんて……」

菊地さんは、ミツさんと武さんが元気だった頃の姿を忘れられないという。子どもの頃、お盆やお正月には親戚が大勢集まり、にぎやかな席にはミツさん、武さんの姿が必ずあった。武さんは、そうした集まりには欠かせない存在で、周囲を楽しませる天才だったという。どんな時にも笑顔で明るい人柄の武さんは、親戚中の人気者――宴会になると、演歌歌手のモノマネで、派手なスーツを着て歌を披露するなど、笑いの絶えない空気を作ってくれた、と思い出を語った。

「いつだったかな、武が千昌夫のマネをし『北国の春』を唄ってくれたこともあったなあ。自分では、お酒は飲まないけど、周りの人を笑わせるのが大好きでね。いつも周りの人を楽しませようと気遣いしている優しい人間だった。普段もね、自宅の庭で白菜やネギなどの野菜を作ると、自分では食べきれないと届けてくれてね。春になると自宅の裏山でタケノコをたくさん掘って、近所に配っていたよ。人のためにできることを一生懸命していた姿を思い出すよ」

菊地さんはそんな武さんが、人一倍母親思いだったことも覚えていた。スーパーで武さんと遭遇すると、買い物カゴは、母親のミツさんの好物ばかり。おまんじゅうや菓子を山盛り、買っていたという。

ミツさんが病院などに出かけるときにも、送り迎えをしていた武さんの姿を何度も見ているが、菊地さんは、どんな時でも武さんが弱音を吐いた姿だけは見たことがない、と話してくれた。

「辛いこともあったと思うんだがなあ。親戚に迷惑をかけたくないと思って、優しい武は周囲が困るようなことを打ち明けることはできなかったのだろう。気づいてやれなかった自分の至らなさを今更、悔やんでも悔やみきれない……」

菊地さんは、何度も「死ぬほど追いつめられていた武に気づけなかった」と後悔の言葉を口にしていた。

もう一人、ミツさんと近い世代で武さんのことも可愛がっていたという親戚にも話を聞いた。武さんの父親の姉の長男で80歳になる熊谷先雄さんだ。武さんが生まれた頃から、家族ぐるみで付き合い、お互いの家を行き来しながら親しく付き合ってきた。しかし、10年余り前、武さんの父親が亡くなってから、行き来する回数がめっきり減っていたという。

熊谷さんは、亡くなる1週間ほど前、武さんと会っていた。年末に突然、ふらっと熊谷さんのもとを訪れたのだという。その時は、いつも通りの元気な様子で、病気を患っているようには全く見えなかった。

「年明けに急死したんだから、その時には自覚症状があったと思うよ。それでも辛そうな様子もなくてね。何ひとつ、愚痴は言わない。えらい（辛い）とこぼすことはなかった。だから、亡くなったという知らせをもらった時に、電話の相手に『嘘つくんじゃない』って怒鳴りつけて、怒ったんだよ。悪い冗談だとしか思えなかったからね」

熊谷さんが話したのも、武さんの朗らかで優しい人柄だった。

「経済的に困っていたなんて、聞いたことはないよ。お金のことで頼られたこともない。それよりも自分で育てた野菜を持ってきてくれたりね。親戚のお葬式にも欠かさずに顔を出していたし、困っているそぶりを見せないようにしていたんだろうな」

幼い頃から付き合いのあった親戚の人たちが話す武さんの生前の姿――誠実で優しい武さんは、だからこそ周囲の人に迷惑をかけまいとして、助けを求められなかったのではないか。

武さんが苦境に立たされていたことに気づけなかったと悔やむ親戚の人たちの姿から、親子を救うことの難しさを感じさせられた。

さらに、武さんと同じ集落で生まれ育ち、最も親しい幼なじみの一人、佐藤邦憲さんにも話を聞いた。邦憲さんは、武さんと年齢も近く親しい間柄だ。今は、地域のまとめ役として区長をしている。邦憲さんの家は、武さんとミツさんの家から車で5分——子どものの足でも行き来ができる近所にある。武さんは幼い頃から邦憲さんを兄のように慕い、邦憲さんにとっても、大切な弟分だったと言う。

「いつも一緒にいたんだよ、若い頃は。お祭りになると、一晩中、夜通しで語り合ったりしてね」

邦憲さんは、何度も言葉を詰まらせた。

「なんで64歳という若さで……。突然、死ぬなんてよ……」

時折、目に涙を浮かべながら、武さんへの尽きない思いを語ってくれた。

邦憲さんが武さんに最後に会ったのは、亡くなる少し前のことだった。普段と何も変わらない様子で、玄関先で何気ない世間話をして、その時には、それが最後の会話になるとはまったく思っていなかった。

「今、思えば、限界まで頑張っていたと思うんだ。デイサービス行く時にもね、デイサービスの事業所から迎えに来てもらうと、お金がかかるから、武は自分で軽トラック運転して、母親を送り迎えしていた。そこまで節約するほどだったんだな。でもね、彼は何も苦労はないよっていう顔をしているんだよ。ケロッとしてね。内面には、だいぶ溜まったものがあったと思うよ。でも弱音吐かないしね。もちろんお互い知っている間柄だから、あまり自分のこと、さらけ出したくないんだよね。赤の他人にだったら言えるけどさ。だから、我々には愚痴は一切言わないんだ」

邦憲さんは、知り合いだからこそ「弱み」を見せられない気持ちがよく分かると繰り返し話した。考えてみれば、生まれた頃から知っている間柄だからこそ、プライドもあって弱い部分を見せたくない思いになるのかもしれない――そう思って耐えていたとすれば、次に述べるように、武さんが仕事を辞めて介護に専念してからの8年間は、途方もなく長い時間だったのかもしれない。親の介護を背負うことの重さ、それを周囲に打ち明けることのできない苦しさは、どれほどのものだったのだろうか。

“介護離職”招いた孤立

武さんは、母親を介護し始めた当初は、実家で同居して介護をしながら、仕事にも通い、介護と仕事を両立させていた。しかし、介護の必要性が重くなってくると、昼間、家を空けることが難しくなっていった。

母親のミツさんは、老いとともに、一人では歩くことも、立ち上がることも難しくなり、物忘れもひどくなっていった。武さんは、そんな母親を昼間も、一人にしておけないと思うようになり、仕事を辞める決断をしたのだ。しかし、この「介護離職」の決断が、親子を孤立させ、経済的にも追いつめられていく結果をもたらすものになっていった。親を思うがゆえに決断したことで、追いつめられていった親子――なぜ、「介護離職」を決断することになったのか。武さんの長い介護人生をたどることにした。

武さんは、地元の高校を卒業した後、県内の工場で正社員として働き始めた。正社員だったため、収入も安定していたが、40代になるまで続けた正社員の仕事を辞め、転職することにした。母親のミツさんが70代になってから、一人で買い物に出かけたり、家事を自分ですべてこなしたりすることが難しくなってきたからだ。武さんは、母親のミツさんのために、自宅のそばで働きたいと思い、転職先を探した。

そんな武さんの思いを知って、仕事を紹介してくれたのが幼なじみの仲間たちだった。仲間の一人、前出の佐藤邦憲さんは、近所で畜産業を営む仲間が武さんに手伝ってくれないかと誘い、武さんが喜んでいたことも覚えていた。その牛舎に通って牛の世話を手伝う仕事を始めると、自宅から近い牛舎が職場になったことで、「いつでも母親の様子を見に行くことができる」と武さんは仲間に感謝していた、と邦憲さんは話してくれた。

「武は、いくつか仕事を転々としたけど、畜産の手伝いの仕事が一番、長く続いたと思うね。時間が自由にできるというのが良かったんだね。お袋さんを介護するために、その仕事を選んだんだよな。何かあった時にすぐに駆けつけられるということ、それが選択肢としてベストだったんだろうな」

畜産の仕事と介護の両立——そこから20年近く続く武さんの介護人生が始まったのだ。

幼なじみの邦憲さんは、武さんが介護を始めた20年前ぐらいから、地域の集まりに顔を出さなくなったと言う。邦憲さんは、武さんが参加した最後の1枚、記念の写真を見せてくれた。それは、年に1回、地域の仲間同士で誘い合って出かけた温泉旅行で写した写真だった。写真の中の武さんは「ひょっとこ」に扮し、きっと仲間を笑わせているのだろう——一芸披露している舞台の上での写真だった。

母親の介護を始めてから、そうした機会に参加しなくなっていった武さんは、その20年前の旅行が最後になった。ミツさんを一人残して、外泊することができなくなったためだ。邦憲さんは、介護が大変なのではないかと心配しながらも、弱音を吐かずに頑張ろうとしている武さんに、あえてそのことを聞くことができなかったという。

「知っている仲だからこそ難しいこともあるんだ。介護は、食事の世話から下《しも》の世話まであって本当に大変だと思う。けれど、こうしたことは、元気な頃の家族を知っている人に話すことこそ、逆に難しいというか、恥ずかしいというか、そういう気持ちがあって、隠していたんだと思う。ましてや、お金に困っているなんていうこと、それこそ恥ずかしくて相談なんて、できなかったんだろうな……」

武さんを自営の畜産業の手伝いで雇い入れたのは、長年付き合いのある佐々木長治さんだ。母親のミツさん、息子の武さんの二人とも、家族ぐるみのつきあいがあった佐々木さんは、休憩のたびに自宅に戻って母親の介護を続けた武さんのことをそばで応援していた。

「たまたま会って立ち話をした時に、武が自宅のそばで働きたいと話していて、それならうちで働いてくれよという話になったんだ。武は本当に働き者で、手を休めることもなく働いてくれたよ。仕事は牛の世話だったんだけど、壊れた農具を見つけると直してくれたりね、一緒に働いていて、助かっていたよ」

佐々木さんは息子夫婦と3人の元気な孫に囲まれて暮らしている。やんちゃざかりの孫たちのことを武さんは仕事の合間、顔を合わせれば可愛がっていた。私たちが佐々木さんから武さんの話を聞いていると、「武」という名前を聞きつけた孫たちが「武ちゃん、武ちゃん」と口々に姿の見えない武さんを呼び始めた。孫たちのそんな仕草からも武さんがどんな人にも慕われていたことが伝わってきた。孫たちは武さんが「たけちゃん、ぺっ！」と加藤茶のギャグをものまねすると、笑い転げていたという。近所や親戚の人たちから「武さん」の思い出話を聞くと話が尽きることはなく、本当に愛されていた存在だったのだと思わされた。

畜産農家で働き始めた武さんの介護人生は、そのあと亡くなるまで20年、どのようなものだったのか。さらに、取材でたどっていくことにした。

佐々木さんには、武さんが働いていた牛舎を案内してもらった。広い敷地に２００頭を超える牛が飼育されていた。武さんは、ここで牛に飼料を与えたり、牛舎を清掃したり、毛並みを整えるために牛のブラッシングをしたりするなど、牛の世話を全般的に担っていた。それまで息子と二人で畜産業を営んできた佐々木さんは、武さんが手伝ってくれるようになって、だいぶ助かったと話してくれた。

こうして牛舎で働いていた頃、武さんの収入は、毎月およそ17万円ほどだった。ミツさんの年金と合わせて20万円を超えていたため、生活に困ることはなかった。しかし、ミツさんが80代になった頃、病気で体調を崩しがちになり、武さんは仕事を続けることが難しくなっていった。ミツさんは、足腰も弱くなり、台所に立って一人で食事を作ることも難しくなっていった。その頃、武さんは、朝、牛舎に行って働いてから、昼には自宅に戻り、ミツさんの食事を作って、一緒に昼食をとっていた。そして、午後また牛舎に働きに行き、夕食までには戻ってくるという毎日だったという。仕事をしながら、母親の世話をしている武さんの様子を佐々木さんはよく覚えていた。

「親思いとはこういうことだなあと思っていたよ。武は、毎日、昼になると戻って食事を作っていた。それ以外にも、ミツさんが困って電話してくると、すぐ自宅に戻って、ミツさんの世話をしていたんだよ」

しかし、ミツさんは、次第にトイレや着替えを自分一人ですることも難しくなっていった。そして、日中、武さんがいない時に一人で出歩き、転んでケガをするなど、武さんをひやっとさせるような出来事がたびたび起こるようになっていった。

「お母さんが、庭で倒れている」

近所の人からの知らせで、武さんが慌てて自宅に戻ると、ミツさんが庭でうずくまっていることがあった。ミツさんは、昔のことを思い出すと、農作業をしたくなって、一人で外に出てしまうことがよくあったという。佐々木さんは、そのたびに家に飛んで帰っていく武さんの様子も語ってくれた。

「ミツさんは、一度転ぶと、一人では立ち上がれなくて、武はとても心配していた。もう、一人で家事をするのは難しくなっていてね。それでもミツさんは自分のことが分からなくて、一人で食事を作ろうとして、ボヤを出すこともあったみたいだ。認知症だったのかもしれないね。それでも、武は、ミツさんの面倒は自分が見るんだと、頑張っていたね」

ミツさんは、次第に車いすがなければ移動が難しくなり、トイレにも一人では行けなくなり、食事をすることも難しくなっていった。

「ほんの片時も母親から目を離すことはできない」

武さんは、ミツさんの介護に専念し、仕事を辞める決断をした。佐々木さんはその決心を伝えにきた武さんのことを今も忘れられないという。

「『仕事を辞めて介護に専念する』と武から聞いたとき、いつかこういう日が来るだろうなと思っていた。ミツさんのことを第一に考えていた武が、ミツさんを施設に預けるということは考えられなかったからね。でも、仕事を辞めてしまうと、生活していけるのかな、と心配になった。でも、生活のことを聞いても、介護のことを聞いても『いやぁ〜困った、困った。大変だ〜』と答える武の話しぶりは明るくて、冗談めいてすらいたから、それほど深刻だとは思っていなかった。お金が足りるのか、とは面と向かって聞けなかったしね」

佐々木さんは、亡くなる数日前、武さんに会っていた。武さんが年末の挨拶に来たのだ。そのとき、佐々木さんは、いつもとどこか様子が違う武さんに気づいていた。武さんは、佐々木さんの家にたどり着く前の上り坂をいつもなら歩いて軽く上ってきた。しかし、その日は、家に着いた途端「しんどい、しんどい」と言って玄関先に座り込んでいた。

「どうしたんだ？　どこか悪いんじゃないか？　病院に行ったほうがいい」

心配する佐々木さんに、武さんは「大丈夫、大丈夫」と言いながら、首を振って取り合おうとしなかったという。

「武は、いつも自分より母親のことを考えているから。自分の体調が悪いからって病院に行こうとしないんだ。経済的にも病院に行く余裕がなかったんじゃないかと思うよ。それに、万が一、自分が入院することになったら、ミツさんを介護する人がいなくなる。介護を他人に頼めばお金がかかるから、体調が悪くても我慢していたんじゃないかな。あのとき、もっと強く病院に行けって言えば良かったよ」

牛舎の手伝いを辞めて収入が絶たれた後、親子はミツさんの収入を頼りに暮らしていた。それから8年間余り——年金と恩給など合わせて毎月8万円ほどの収入で二人は生きてきた。武さんは、ミツさんの医療費の支払いや、いざという時のために少しでも預金をしようとして、ギリギリまで生活費を切り詰めていた。近所のスーパーに買い物に行くのは、決まって夕方、生鮮食品が値引きになる時間だった。自宅の前の小さな畑で、食費を切り詰めるために野菜を育てていた。その畑は、亡くなって半年経った今、武さんが植えたネギやキャベツが収穫の時期を迎えていた。近所の人たちは、毎年のように「ミツさんが好物だから」と里芋を植えていた武さんの姿を覚えていた。そして、家の裏にある小さな田んぼで、米も作っていた。ミツさんが昼寝をしているわずかな時間も労を惜しまず、武さんは働き続けていた。そうして守ろうとした親子の暮らし——重い負担となっていったのが医療費だった。ミツさんは、慢性病を次々に患い、医療費はかさむ一方だったのだ。

ミツさんの主治医だった地元の開業医の伊藤昭彦医師を訪ねた。地域の人たちにも信頼が厚く、ミツさんも、亡くなる前は、毎月1回必ず通っていた。伊藤医師は、ミツさんの病気は亡くなるほど重いものではなかった、と残念そうに話してくれた。

「ミツさんは、確かにいくつか慢性病を抱えていたけど、すぐに亡くなるような重い病気をもっていたわけではないから、残念な気持ちでいっぱいだ。いまも思い出すのは、ミツさんが病院に来るときには、息子さんが送り迎えをして一緒だった姿だよ。いつも、そばで付き添っていてね、本当に仲のいい親子だったよ」

心臓に持病があったミツさんは、入院したこともあった。それだけでなく糖尿病、白内障、高血圧などがあり、治療と投薬にかかる医療費の負担は毎月1万2000円。さらに将来の入院に備えて、節約に節約を重ねたことで、生活は一層苦しくなっていった。

家族がいると見えにくくなるSOS

武さんは、医療費は命に関わるので節約できないため、介護サービスは「週に1回」受けるだけに節約していた。ミツさんの実際の「要介護度」は、ほとんど寝たきりだったことを考えれば、重いものと判定されていただろう。そうすれば、週に数回〜毎日のように訪問介護サービスを受けられるプランも可能だったはずだ。しかし、介護サービスにかかる費用の負担をできるだけ抑えたかった武さんは、経済的な理由から、サービスを利用せずに自分自身で介護をしていた。

ミツさんと武さん親子の介護サービスの利用状況を社協の長谷川さんに詳しく聞いた。

ミツさんが、デイサービスに通い始めたのは、亡くなる十数年前からだった。当初は、ミツさんは元気で、支援が必要な状態ではなかった。武さんは、軽トラックでミツさんを送り迎えしていた。ミツさんは週1度、欠かさず通って、歌をうたったり、輪投げをしたりしていた。何より楽しみにしていたのが、みんなで一緒に食べる昼食の時間だったという。

ミツさんが車いすがなければ自力で歩けなくなった頃、社協のスタッフは、武さんに、介護サービスをもう少し使ってみたらどうか、と提案していたそうだ。

「食事やトイレの介助など、すべて武さんが支えなければならなかったため、さぞかし大変だろうと『デイサービスの利用を週に2回に増やしませんか？』とか、『ショートステイ（短期滞在のお泊まりサービス）を使って、ミツさんに数日、施設に宿泊してもらってはどうですか？』と相談していました。しかし、武さんからはその必要はないという答えでした。金銭的なこともあるのではないか、とお察ししましたが、何より武さんは、ミツさんの介護を献身的にしっかりやっていましたからね。月に1回、自宅に訪問すると、庭にミツさんの布団やシーツがいつも干されていました。ミツさんの好物を手料理で食べさせていたり、男性とは思えないほど、きめ細やかに介護をされていました。まさか、それほど深刻なケースだと思ったことはありませんでした」

奥州市の社協が行っている高齢者の見守り活動は、独居世帯に重点を置いて進められている。民生委員と協力しながら、定期的に訪問し、緊急時には連絡を取り合えるように、日頃から関係作りに取り組んでいる。しかし、一人暮らしの高齢者が急速に増えたため、それだけでも目を配りきれないほどの現状がある。さらに、高齢者だけで暮らす世帯にも範囲を広げて、見守り活動を展開しようとしていた。そのため、65歳以下の家族が元気で介護を担っている世帯まで、見守りの目は行き届いていなかった。ミツさんと武さん親子の場合、武さんは「自分で介護する」という意思を示し、時折、様子を見に行っても介護は行き届いていて、武さん本人も「困っていることはない」と言っていた。そのため、頻繁に見守りが必要だとは判断していなかったのだという。

「ミツさんの体調が悪く、介護が大変だということは知っていました。でも日常的に見守りが必要な、リスクの高い家庭という認識は持っていませんでした。今回のケースを受けて、ご本人たちがSOSを出していなくても、周囲からは見えにくい問題があることを痛切に感じました。『家族がいるから大丈夫』と判断してしまうのではなく、『家族がいるからこそ見えにくい』という難しい問題にどう向き合っていくのか――、今後の課題です」

「助けて」と言わなかった親子

武さんは、ミツさんの介護がどれほど大変だったのか、周囲にも家族にもＳＯＳを発することはなかった。離れて暮らす家族たちは、親子の死をどう受け止めたのか……取材を進めると、東京で武さんの弟が暮らしていることが分かった。二人の死から半年余り、まだ気持ちの整理がつかないという弟の佐藤豊さんを訪ねた。豊さんが、突然の悲報を知らされたのは親戚からの電話だった。

「まさか、兄さんまで……」

母親と兄を同時に亡くしたショックを引きずりながらも「このような悲劇が、これ以上起きないように」と話をしてくれた。

男3人の兄弟で長男だった武さんは、幼い頃から豊さんたちの面倒をよく見てくれる優しい兄だったという。「男兄弟だと、よくケンカするって思うでしょう？　でも、私たちはケンカのない兄弟でした。それも、兄が優しい人だったからだと思います。怒っているところなんて、見たことがありませんでした。頼りになる兄でした」。

弟の豊さんは、中学校を卒業するまで、武さんとミツさんが亡くなった奥州市の実家で暮らしていた。その後、就職のために上京し、50年近く、故郷を離れ、東京で暮らしてきた。運送業の会社に勤め、定年後も、倉庫の荷物を管理するパートの仕事を続けている。豊さんは家族を養うために仕事を辞められず、生活に余裕はない。岩手の実家に帰る余裕は時間的にも、経済的にもなく、時折、電話をするだけだった。

武さんは、弟の窮状を知っていたのか、弟を励ますばかりで自分の窮状を訴えることはなかった。

「兄が仕事を辞めて介護に専念すると聞いたのも電話でした。その時は、母の介護が仕事と両立できないほど大変なのかなと心配になりましたが、兄は『大丈夫、大丈夫』と言って笑いながら話していました。だから、二人の暮らしがそんなに大変だとは思っていませんでした」

豊さんが実家へ久しぶりに出向いたのは、二人の葬儀の時だった。実家で遺品を整理し、東京へいくつか持ち帰ったと見せてくれた。武さんがいつも使っていた黒いセカンドバッグや常に身につけていた腕時計。セカンドバッグの中にあった免許証には、白髪交じりの武さんの姿があった。そして、生活費を出し入れしていたミツさんの通帳。豊さんは、遺品となった通帳をみて、初めてどれほど追いつめられた生活をしていたのか知ったという。

ミツさんの通帳には、2ヵ月分で6万5000円の年金が振り込まれていた。ミツさんの夫の軍人恩給と合わせて、1ヵ月の収入は8万円あまり。そこから、医療や介護にかかる費用や、食費、光熱費など全てをまかなっていた。この少ない収入の中でやり繰りしていた上に、切り詰めた生活費から貯金をしていたことに、豊さんは驚かされたという。亡くなった年には、そうして貯めてきた貯金を少しずつ取り崩しながら、暮らしていた。

「兄が経済的に追いつめられていたとは、全く思っていませんでした。時折、電話をすれば逆に私を励ましてくれていたんです。『元気か？　大丈夫か？』と言って。それだけじゃなく、お米も毎年20キロも送ってくれていました。送料だけでも高くつくのに。どこまでも家族思いの人でした。だからこそ、介護の負担が重いことも、生活が大変なことも、私が大変なのを知って話せなかったんだと思うんです」

母親と兄、大切な二人の家族を同時に亡くした豊さん。インタビューの最後に絞り出した涙声でこう語っていた。

「今になって思うことは、もっと実家に帰って、じっくり話を聞いてあげればよかったたなということです。もっと帰って、もっと話をすればよかった。話しにくいことも聞いてあげられればよかった。兄は、自分のことは後回しで人のことばかりを優先させてしまうような人です。だから、兄の体調が悪いことは全然知らなかった。体調が悪いことを知っていれば、実家に帰ったのに……。私が母親の面倒をみてあげられれば、兄も病院に行けたのかもしれない……。悔やんでも悔やんでも、悔やみきれない思いです」

地域社会は「親子共倒れ」をどう防ぐ?

親子が亡くなった衝撃的なニュースを知った地域の人たちは「家族がいても、家族だけで負担を抱え込んでしまうケースをどうしたら発見できるのか」について、対策を話し合い、新たな模索も始まっている。武さん親子は、周囲や地域から孤立していたわけでなく、連絡を取り合う家族もいた。それでも二人の命を救うことができなかったのは、なぜなのか——SOSを出そうとしない人たちをどう救い出すことができるのか——重い問いだ。

武さんの幼なじみで、地区の代表をしている佐藤邦憲さんは、月に1回、誰でも参加できる「お茶っこ会」という集まりを始めた。高齢者だけではなく、介護をしている人も気軽に参加してもらい、普段話せない愚痴を話してもらったり、愚痴が言えなくても気分転換してもらったりして、支え合いたいという思いからだ。

「これまでは、高齢者を対象にした敬老会や、健康体操の集まりなどはあったけど、介護をする人たちを支える仕組みがなかったように思う。武のことを考えると、親を介護する人らをもっと周囲が支えなければならないと思ったんだ。始まったばかりの茶会だけど、こんな場を通して、何でも言い合える地域に育っていくことを願っています」

地元の社会福祉協議会では、一人暮らしに重点を置いてきた見守りの仕組みを見直し始めている。全戸調査をして実態把握を積極的に進めている。「親子で暮らしていてもリスクがある」ということを前提に、一人暮らしや、高齢者だけの世帯だけではなく、すべての家庭を対象に調査を行うことにした。そうした調査を通じて、日常のささいな悩みに耳を傾け、本当に手助けが必要なのかどうか、見極めようと模索を始めている。「もう二人のような悲劇を繰り返さない」――社会福祉協議会のスタッフは、強い思いで活動を続けている。

「自ら助けを求めないケースでは、困窮していることを『発見』し、その家庭を支援するのは大変難しいことです。しかし、佐藤ミツさん、武さんが教えてくれたのは、『助けを求めない人でも、リスクを抱えている』ということです。『助けて』というシグナルが見えない時には、言えないのかもしれない、と思うようにしなければ。助けてを言えないうちに、問題は深刻化しているからこそ、早く発見してあげなければ、という意識をもって、地域の福祉に取り組んでいきたいと思っています」

深い悲しみの中で、地域の人たちは、見えにくい「親子共倒れ」をどうすれば防ぐことができるのかを考え、動き始めている。取材を通して見えてきたのは、「家族」という難しさだ。本来、「家族」とは、支え合い、頼り頼られる存在であり、温かな場所だ。しかし、家庭の問題だからこそ、外に知られたくないと隠してしまったり、自分で解決しようと問題を抱え込んでしまったりするため、外から見えにくくなっていたのだ。

しかし、地域には、助けを求めれば、その声を受け止めてくれる仕組みや機関が動き出しているところもある。こうした支援につなげていくために、「助けて」と安心して声をあげることがどうしたらできるようになるだろうか——高齢者や子ども、障害者など支えを必要とする人たちにとって安心して甘えることができるような優しい社会の実現を目指すには、制度だけではなく、私たち一人ひとりが「いつかは自分も支えが必要になる」ことを自覚し、価値観を大きく変えていくことも求められているのではないだろうか。

介護離職10万人時代

母親を介護していた武さんが献身的に尽くしてきたことを、地域の人たちの誰もが知っていた。

「武は本当によくやった。誰にでもできることじゃないよ」

しかし、武さんがそうだったように、介護のために仕事を辞めたり、転職を余儀なくされるケースは「親子共倒れ」を招きかねない。

国が「介護離職ゼロ」を目標に掲げ、介護サービスの充実を図っている。しかし、厚生労働省の調査によると、介護のために仕事を辞めたり、転職したりする人の数は、年間10万人に上る。仕事を辞めれば収入が失われるし、転職で収入を大きく減らす人も少なくない。社会で働いてきた人が介護に専念することは、一方で介護人材の不足を補うことにはなるが、少子高齢化する日本社会にとって貴重な労働力が失われることにつながる。十分に安定した収入が得られる仕事をしながら、介護と両立させるためには、何が必要なのだろうか。

訪問介護サービスは、いくら時間や回数を増やしても、お年寄りが一人で過ごす時間をなくすことはできない。24時間見守ってもらえる介護施設は不足しているし、すぐに入ることができる民間の施設は料金が高い。そもそも、介護費用の負担が重く、家族が介護を担うしかないため、働き方を変えたり、仕事を辞めざるを得ない人が多いということもあり、解決が難しい問題だ。

20年という長い間、愚痴ひとつこぼすことなく介護を続けてきた武さんは、何を思っていたのだろうか。

母親のミツさんは自分がいないと生きていくことができないと分かっていた武さんは、自分の人生をミツさんのために捧げていた。自分のやりたいことはせず、自分の買いたい物も買わず、ミツさんを守り続けた20年の日々だった。

「二人一緒に亡くなったことは本当に悲しいけれど、どちらか一人が残されると、そっちの方がつらかったのかもしれないな。悲しいけれど、最期まで二人一緒だったことが少しだけ救いだよ」

二人の墓がある丘を眺めながら、幼なじみや親戚らが大粒の涙を流した。

親子共倒れを防ぐ「世帯分離」

第四章

高齢者の急増　待ったなしの介護現場

首都圏は、全国のなかでも高齢化のスピードが速い。

「このままでは、近い将来、病院や介護人材が決定的に足りなくなるのではないか？」

高齢者の増加傾向を試算すると、そうした不安が現実の「悪夢」を引き起こすのではないかと専門家も警鐘を鳴らし始めている。実際に、医療や介護の現場が逼迫《ひっぱく》するのは、団塊世代が75歳、つまり後期高齢者になる10年後と言われているが、高齢者福祉の現場では、すでに予兆が現れ始めている。

高齢者の介護などの相談や、地域での見守りを進めるために、全国の自治体に設置されているのが、地域包括支援センターだ。全国に４５００ヵ所以上設置されており、社会福祉士や、看護師、保健師などの専門職が常駐している。

どのセンターも相談件数はうなぎ上りで増えている。高齢者本人から「収入が少ないために生活が厳しい」といった相談が寄せられるだけではなく、地域住民から「おばあちゃんが最近姿を見せない」「つじつまの合わない会話が多くなった」「ゴミ屋敷から異臭がする」など、異変を通報してくるケースも増え続けている。

東京・大田区の下町情緒の残る住宅街にある地域包括支援センターでは、「親子共倒れ」のリスクがある世帯も数多く支援していると聞いて、取材することにした。

朝、スタッフが一堂に集まりミーティングを行う。深刻なケースを報告し合い、どう解決していけばいいのか、話し合うための会議だ。この日、報告されたのは、一人暮らしの80代女性のケースだった。

女性は、体調を崩して、病院に入院し、寝たきりの状態になった。退院後、自宅で一人で暮らすことはできないため、施設を探さなければならなかった。しかし、自宅で最期まで過ごしたいと希望する女性のためにどうすればいいのか。職員たちは、どうすれば女性が望む生き方を提案できるのか、意見を出し合っていた。

こうした、対応が難しいケースを長期間、抱えながら、新規の相談も毎日のように受けている。相談があると、自宅を訪問して対応しているため時間がかかり、人手は常に不足気味だ。

高齢者支援の専門部隊ともいえるセンターでも、解決が難しいケースが「親子共倒れ」の危険が迫る家庭の問題だ。

「まさかこんなになるとは思わなかった」

大田区の地域包括支援センターのスタッフで社会福祉士の杉山耕佑さんが、親子共倒れのケースをちょうど支援していると話してくれた。すでに関わるようになってから3年以上経つという家族だった。共倒れ寸前でさまざまな支援をしてきて何とか生計を維持してきたが、いよいよ状況が追いつめられているという。

２０１５年6月、夏のような厳しい暑さに見舞われた日、杉山さんがその家族のもとを訪れるというので、同行させてもらった。杉山さんが、事前に取材のことを話しておいてくれたせいか、初対面から笑顔で迎えてくれた。

杉山さんに相談を持ちかけていたのは、83歳になる鈴木隆さん（仮名）だ。2階建ての家に、息子二人と暮らしている。

「今日は暑いね。さあ、あがってください」

1階のドアを開けると、すぐに階段があった。杉山さんは通い慣れた様子で2階へと上がっていった。

「調子はどう？」と尋ねる杉山さんに、「こういう日は、血圧も上がっちゃって困るよ」

と親しげに会話を交わしながら階段を上がっていく。

階段を上がると正面の部屋に案内された。杉山さんは、鈴木さんの生活の様子を聞き取り始めた。

「ご飯は食べている？」

「今朝から、何も食べていないよ。昨日もパンを1枚くらい。だって金がねえもん」

話しながら、鈴木さんは、ポケットを探ると、所持金だと言って、小銭を広げた。１００円玉が1枚と、10円、1円が数枚ずつ。２００円にも満たない金額だった。

「お金はこれしかないから、食べ物だって買えないよ。千円札もないよ」

何か食べないと体に良くないからと心配する杉山さんを、鈴木さんは台所に案内した。台所が片付いているのは、使っていないからだ。スーパーで総菜を買ったり、パンやご飯のレトルト食品を買いだめしておいて、食事を簡単に済ませているという。鍋の中には、温め直した「もつ煮込み」が少し残っている。棚には、レトルトのご飯が2パックとレトルトのカレーが置いてある。

「入金まで数日あるから、これも何日かで分けて食べないと。ひとつ１００円のご飯のレトルトパックを、少しずつ2日間で1パック食べるようにしているの。カレーをちょっとかけて」

鈴木さんは、お弁当さえ買う余裕のない生活が続いていた。

「たまには温かくておいしい定食を食べたいよ。夢みたいな話だな……」

追い詰められる「老後破産」

鈴木さんは、年金収入がない「無年金」の高齢者だ。毎月の収入は、家の1階を間貸ししている月9万円の収入だけだ。2階建ての自宅のうち、空いている1階の部屋を貸しているのだ。以前は、2階にある部屋も1部屋貸していたため、合わせて14万円ほどの家賃収入があった。しかし、部屋の借り手がいなくなり、収入が減ってしまった。月9万円の収入で、公共料金、光熱費や携帯電話の料金などを支払うと、食べていくだけでやっとの暮らしだった。

現役時代の鈴木さんは、パンの製造工場やプレス工場など、職を転々としながら仕事をしてきた。息子二人を養うために、ほとんど休みをとらず働きづめだった。しかし、国民年金の保険料を支払うことができなかった期間が長く続いたため、年金を受給できる支払期間（原則として25年間以上の支払いが必要）に届かず、「無年金」の状態になってしまったのだ。本来、年金は収入が少なくて、保険料を納付する余裕がない場合には、減免申請を行えば、保険料の支払いが免除され、その分、年金が減額されても受け取ることができるという仕組みもあるが、そうした手続きが分からずに、ただ支払わずに65歳を迎えてしまうと年金を受け取ることはできない。こうした無年金者はすでに100万人を超えており、鈴木さんはそんな一人だった。

家賃収入が9万円に減ったことで、支払うことができなくなったのが土地の借地料だ。鈴木さんの自宅兼アパートは、借地に建てられていた。しかし、毎月1万2000円の借地料が払えなくなり、滞納が続いていたのだ。

3年前から鈴木さんを担当してきた地域包括支援センターの杉山さんも、借地料を滞納し続けている以上、転居せざるを得なくなると繰り返し説明してきた。

「借地料の滞納が続いているので、このままずっとここで暮らすことは難しいです。もともと、医療や介護が必要になっても、いまの生活では、どうしようもありませんから。まさに待ったなしで、いまの暮らしをなんとかしなければなりません」

鈴木さんも滞納額が増えていくことを恐れていた。しかし、83歳になった自分が仕事で稼いでくることも難しかった。さらに、同居している息子たちも50代になると身体を壊して仕事ができない状態に陥った。鈴木さんの家族は、まさに「共倒れ」寸前だった。

息子に頼れるはずの老後が……

同居している二人の息子になぜ頼ることができないのか——それこそが鈴木さん家族の最も深刻な問題だった。

二人の息子は、中学を卒業後、塗装の職人として日雇いで働いてきた。仕事をした日数で支払われる、日払いの仕事だったため、仕事量に変動があり、毎月の収入は安定しなかった。破綻の足音が聞こえ始めたのは、バブル経済が崩壊した頃のことだった。建設関連の仕事は大幅に減り、二人の収入もがくんと落ち込んだ。息子の収入が減っていった分、鈴木さんの家賃収入メインで暮らしていかなくてはならない。

二人の息子に「塗装の仕事以外にも、新たに仕事をさがしてみてはどうか」と周囲がしきりに勧めても、50歳という年齢がネックとなり仕事は易々と見つかることはなかった。40年以上塗装の仕事一筋でやってきたため、息子たちも経験のある塗装業の仕事以外に何ができるのか、途方に暮れていた。

腰痛で塗装の仕事さえ難しいという長男は、現状にいらだっている様子だった。

「働かないと食べて行くことはできないから、働こうとは思っているんです。できれば父親を支えたいと思っていますが、そうはできない。自分に腹が立ちます」

その日も、腰痛がひどく、塗装の現場に出向くことができないため仕事を休んで家にいた長男は、部屋でじっと座っていた。鈴木さんも、息子の状況を分かっているからこそ、責めることはない。

「息子だって、年とればば仕事がきついのも分かるんだ。（塗装業は）一日中立ちっぱなしの仕事で、真夏の暑い時には、働きに出ると、次の日はぐったり横になっている姿も見ている。体に無理をして働くこともできないんだ」

鈴木さんは何度も「息子に迷惑にならないようにしたい」と話し、自分の収入で一家を支えようと必死で踏ん張ろうとしているようだった。

いつまでも続くと思ってきた中流家庭の暮らし

7月のある日、鈴木さんの自宅を再び訪ねた時、鈴木さんは、一枚の家族写真を見せてくれた。40年以上前に撮られた古い家族写真だ。初詣の時に、家族で盛装している記念写真——小学生だった二人の息子は、おそろいのセーターを着て笑顔で写っている。鈴木さんは背広姿、着物を着ている妻もシャキッと背筋を伸ばして笑顔で写っている。昭和40年代の頃、ありふれていた中流家庭の幸せなお正月の風景を切り取った家族写真だった。

鈴木さんは、写真を見ながら妻のことを語り始めた。しっかり者の妻が亡くなってから、家族の歯車が狂い始めてしまったという。

「お母ちゃんは、家族のためにずっと化粧品の販売の仕事をしていたの。働き者で、家事もやるし、仕事もやるし、本当に休む暇なんてなかったんじゃないかな。それにお母ちゃんは、ずっと踊りが好きで、友達が多くてね。本当に優しい人だった。先立たれるとは思っていなくて、お母ちゃんがいなくなってから、どうやって生きていこうかと思ったよ」

家族のために働いて大黒柱の役割を背負い、夫と息子たちのために食事や洗濯などを一人でこなし、明るくて家族の中心にいた妻が病気で亡くなったのは1年前のことだった。家族思いで、家族の「つなぎ目」の役割も果たしてきた妻がいなくなり、残された男3人は荒波の海原に放り出され、どうしていいのか分からなくなったのだった。

妻が亡くなった直後の家族の様子を、地域包括支援センターの杉山さんは、潮目だったと記憶している。

「残された3人も大変な状況に見舞われました。しかしね、本当に過酷な状況におかれていたのは、亡くなられた奥さんですよ。最期は、相当厳しい状況でした。今でも、何か支援ができたのではないかと思えてなりません」

鈴木さんの妻が急に体調を崩したのは、3年ほど前のことだった。深夜に突然倒れ、救急車で病院に運ばれた。消化管からの出血があり、倒れるまで、かなりの痛みを我慢していたのではないか、というのが医師の所見だった。しかし、妻は倒れる前、病院にはほとんどかかっていなかった。鈴木さんは、そばにいながら、病院へ行かせなかったことを今も悔やんでいる。

「お母ちゃんは、お金がかかるからって、痛みをいつも我慢して、市販の鎮痛剤を飲んでいた。もっと早く病院にかからせておけばよかったよ」

救急で運ばれ、入院したことをきっかけに、鈴木さんの家族が抱えている問題がようやく把握され、地域包括支援センターにつながった。このこともきっかけとなり、杉山さんが鈴木さんの家族の担当として、支援をすることになった。

しかし、杉山さんがようやく家族の状況を把握した時には、問題は深刻化していた。鈴木さんの妻の容態は重く、しかし、入院や通院の費用を支払えるだけの余裕もない。生活保護の申請も考えたが、自宅があり、家賃収入があり、二人の息子も不安定ながら働いていたため、生活保護を受けることは難しい状況だった。

妻は何とか退院した後も、容態は日に日に悪化していた。心臓と腎臓も悪くなり、塩分を控えた食事制限も必要になった。そのため、杉山さんは介護ヘルパーを利用して、食事の管理をするように、鈴木さんと息子たちに勧めた。しかし、介護サービスを利用するお金がなかった。料理をしたことのなかった夫の鈴木さんが、妻の食事管理をすることは難しく、食事はいつもお弁当やレトルト、缶詰などで十分な栄養管理はできなかった。家族を救う手段が見つからず、杉山さんは訪問を繰り返しながらも悪戦苦闘していた。

最後の手段「世帯分離」

杉山さんが、家族の意向をくんで、最後にたどり着いた結論は「世帯分離」だった。命に関わる医療や介護を十分に受けるためには、生活保護を受けるしかない。しかし、自宅で家賃収入を得ながら暮らしていれば、生活保護は受けられない。そこで、妻だけを「世帯分離」して、施設に入所してもらい、妻の単身世帯に生活保護の受給を勧めるやり方を探ろうとしたのだ。

生活保護は、資産をもっている世帯や、原則として働いていて収入のある子どもと同居している世帯は受けることができない。しかし、高齢者支援の現場では、高齢者に医療や介護の必要性がかなり高い場合など、自治体が必要性を判断したケースは、高齢者が施設に入所するなどして、子どもと世帯を分離。高齢者に生活保護を受給してもらう手段を講じている。そして、子どもには、就労支援などを通じて、自立した暮らしができるよう支援しているのだ。

こうした「世帯分離」は、一緒に暮らしていた家族が離れればなれになるケースもあることから、現場でも本人たちの意向を十分に汲み取って慎重に行っている。

鈴木さんの妻は、医療を十分に受けられないと、命の危険性が高まっていたため、緊急の措置として息子二人と世帯を分ける「世帯分離」ができないか、検討された。家族と離ればなれになる選択肢だったことで、杉山さんも、その選択を勧めることが本当に最善なのか、ずいぶん悩んだという。

「目の前にいる体調の悪い鈴木さんの奥さんを救うには、最後の手段として『世帯分離』しかないというのが現実でした」

しかし、鈴木さんの妻は頑なに申し出を拒絶した。どんなに体調が悪くても、病気が重くなっていても、医療や介護を十分に受けられなくても、息子と離れて暮らすことを拒んだのだ。「まずは病気を治すことが先決だから」という家族の説得も通じなかった。杉山さんは、本人の希望に反して無理を通すことはできず、それ以上世帯分離を勧めることはなかった。

次第に妻の病気は悪化し、ついに入院することになった。鈴木さんと二人の息子は、病室を見舞って、励まし続けた。しかし、入院して間もない２０１４年９月、妻は帰らぬ人となった。

「妻を助けてやることができなかった。それは、悔しかったですよ。でも、息子と世帯を分けることをどうしても嫌がる妻に対してね、どうすれば良かったというんですか」

迫る健康の不安……

猛暑が本格化した頃、鈴木さんの家の電話がつながらなくなり、連絡が取れなくなった。「何かあったのではないか」と心配をしていたところに、地域包括支援センターの杉山さんから連絡が入った。

「鈴木さんが救急車で運ばれて入院しました」

心配が的中した。

「家でトイレに行こうとしたときに、めまいがして倒れて、救急車を呼んだようです。入院して様子を見ていますが、詳しいことはまだ分かりません。でも、重篤な状態ではないので大丈夫ですよ」

杉山さんの話だけでは、心配は拭えなかった。その数日後、杉山さんが、鈴木さんのお見舞いに行くというので、私たちも同行させてもらった。

鈴木さんは、6人部屋の病室の一番奥のベッドで横になっていた。いつものような元気な笑顔ではなく、ぐったりして横になっていたので、思わず「大丈夫ですか」と声をかけた。鈴木さんは、すぐに返事を返してくれた。

「大丈夫だよ。こんなにおおげさなことになって申し訳ないね。見舞いに来てもらうほどでもなかったのに。やっぱり歳には勝てないね」

鈴木さんの話では、夜、お手洗いに行こうと起きたとき、突然めまいに襲われたそうだ。天井と床、どちらがどうなっているのか分からないほどで、目を開けてじっとしていることさえ辛い状況だった。じっとしていてもめまいが止まらず、怖くなって救急車を呼んだという。病院の医師の話では、平衡感覚をつかさどる器官が、一時的に異常を起こしたようだが、重い疾患があるわけではないから、心配はいらないということだった。

医師の話では、食生活の悪化や自宅の暑さが起因することもある、ということだったため、逆に心配になった。鈴木さんは、食パンやレトルト食品、弁当で食事を済ませていて、栄養が整った食事とはほど遠い状態だった。さらに、熱帯夜が続く最中、エアコンのない部屋で寝ていたのだ。昼間、よく市販の頭痛薬を飲んでいる姿も見ていた私たちは、自宅に帰ったときに、また同じようにめまいをおこすのではないか、と心配が拭えなかった。お見舞いに来ていた地域包括支援センターの杉山さんも、私たち同様、心配していた。

「食事もきちんと摂れていなかったり、体調も崩したりして、これからのことに不安がありませんか？　これからどうしていくのが鈴木さんにとっていいのか、一緒に考えていきましょうね」

杉山さんがそう話すと、鈴木さんは家を離れることもやむを得ないと覚悟をし始めている様子だった。

「息子と一緒に家で暮らし続けるのは、もう難しいのかもしれないね。仕方ないから、家を離れて、安心できる生活をするよ」

杉山さんは、鈴木さんが施設に入り、二人の息子と世帯を分けて、鈴木さんに生活保護を受けてもらい、安心して医療を受けられる態勢を作りたいと、再度、「世帯分離」について相談した。鈴木さん自身も、救急搬送を機に家族と離れる覚悟をしたことで、生活保護の手続きを急ぐことになった。

息子と離ればなれになる日

鈴木さんと二人の息子は、傍目からみても仲のいい親子だ。下町でずっと一緒に生きてきた親子――息子は高齢の父のために、時折散歩に一緒に出かけたり、風呂に連れて行ったりしていた。鈴木さんは、そんな息子と過ごす時間を大切にしてきた。息子の昔話をするときの鈴木さんはどことなく優しげな顔になる。

「小さい頃は、休日になるとよく息子とボウリングに行ったり、釣りに行ったりしていたよ。あんまり休みがなくて、息子をあんまりかまってやれなかったけど。知らない間に大きくなってしまって。いつの間にか、自分の方が息子を頼るようになってしまってね」

しかし、息子と一緒に暮らせる日は、残り少なくなっていた。鈴木さんは自分で決めたことだとはいえ、60年以上暮らした我が家を離れること、息子と離れることは、どちらも寂しいことだった。

「頭では分かっているけど、やっぱり家を離れる日はさみしいんじゃないかな。ずっとここで暮らしてきたから。できれば最期まで自宅で過ごしたかったけどね、仕方がないよね」

できれば自宅で暮らしたいという気持ちと、安心して医療や介護を受けるためには家を離れざるをえないという気持ちの間で、複雑に揺れ動きながらも、親子共倒れを防ぐためにはそれ以外に手段はないのだ、と自分を納得させようとしているようだった。

杉山さんが鈴木さんのために探してきた新たな受け入れ先は、都内にある「都市型軽費老人ホーム」という施設だった。収入が少ない人や生活保護を受けている人でも入所できるように、利用料は低額に抑えられている。東京都内では、費用が高い有料老人ホームには手が届かないというお年寄りのために、軽費老人ホームが増えており、鈴木さんが入所するのも新しい施設だった。利用者の入居スペースは、すべて鍵のかかる個室で、24時間職員が常駐し、緊急時にも対応できるようになっている。入浴施設もあり、冷暖房も完備。食事も3食、栄養のバランスもとれた内容で用意される。費用は介護サービスの必要度によって差があるが、おおよそ10万円で生活保護の受給額（13万円前後）でも入居が可能だ。

施設を下見に来た時に鈴木さんが、一番喜んだのは食事だった。妻を亡くしてから、湯気の立った手作りの料理を食べてこなかった鈴木さんにとって、施設の食事内容は久しぶりに目にする「皿で湯気の出る料理」だった。何より、明日の食事の心配をせずに、パンばかりをかじる生活から脱出できるのだ。

また、この施設では、食事やトイレの介助、入浴の介助などの介護が必要になっても、入居しながら介護サービスを受けることができる。

「あったかいご飯が食べられるのはありがたいよね。行き先が決まっただけよかったよ」

鈴木さんは、長年、家族と過ごしてきた自宅を売却し、施設への入居の準備を進めることになった。

猛暑が続いたある日……

鈴木さんの転居の日が近づいた6月下旬、季節はずれの猛暑で寝苦しいほどの熱帯夜が続いていた。地域包括支援センターでは、熱中症の心配がある高齢者宅を一軒一軒訪問し、注意を呼びかける毎日だった。職員の一人が、「鈴木さん大丈夫かしら？」と言いながら電話をしていた。しかし、電話の様子がおかしい。緊張感が走った。

「めまいがして、動けないでいる」

鈴木さんがめまいで寝込んだきり、起き上がれなくなっているということだった。

「この暑さで、ちゃんと水分をとっているのか心配なので、鈴木さんの家に向かおうと思います」

看護師の資格のあるスタッフが、血圧計と、部屋の温度を測る温度計、体温計、そして、熱中症に対応するための経口補水液を持参して、鈴木さんの自宅に向かうことになった。

外を歩くと、強い太陽光のギラギラする暑さでクラクラする。鈴木さんの部屋にエアコンがなかったことを思い出すと、心配が募った。歩く度に吹き出す汗を拭きながらようやく、鈴木さんの自宅に到着した。

いつも2階にいる鈴木さんを訪ねるときは、1階の玄関から、鈴木さんの名前を大きな声で呼ぶ。いつものように看護師が鈴木さんに呼びかけた。

「鈴木さん！　鈴木さん！　鈴木さん！」

3回繰り返し、大きな声で、2階に呼びかけたが、返事がない。

「あれ、いないのかな。どうしたんだろう」

いつも、呼びかけると2階の部屋からひょっこり顔を見せてくれるが、何度呼びかけても、返事さえない。

「鈴木さん！　2階に上がるよ。大丈夫？」

看護師は、大慌てで2階に階段を駆け上がった。2階に上がると、すぐに鈴木さんがいつもいる部屋があるがそこにも姿がない。

「鈴木さん、鈴木さん」

2階の台所や居間にも姿が見えず、混乱しかけたその時、廊下を挟んだ小さな部屋から弱々しい声が聞こえてきた。

「鈴木さんいるの？　入るよ？」

部屋のドアを開けた途端、むっとした熱い空気が流れた。鈴木さんは布団にくるまるようにして横になっていた。エアコンのない部屋の温度は30度を超えている。

「具合はどう？　しかし、ここは暑すぎるよ。窓はないの？」

異常な暑さに、空気を入れ換えようとすると鈴木さんに止められた。

「いや、暑くないよ。ちょうどいいくらいだよ」

お年寄りは、暑さを感じにくく、熱中症になりやすいというが、鈴木さんは暑さを感じないというより、寒気でもするような様子だった。ただでさえ暑苦しい部屋で毛布と布団を重ねて、くるまっていたのだ。さらに、トイレに行くのが面倒だから、と水分も控えていた。

看護師の資格がある職員はすぐに窓を開け、部屋の換気を良くした上で、血圧を測った。血圧は普段より高くなっていた。しかも、血圧を測ろうと鈴木さんの腕をめくると、紫色になったあざがいくつも見つかったのだ。

「夜にトイレに行きたくて、歩いていると、ぐるっと目が回って、つまずいちゃうんだよ。だからトイレにあまり行きたくなくてね」

部屋を歩いているとき、たびたび、めまいを起こし、転倒を繰り返したという。紫色に腫れた腕は痛々しかった。すでに、鈴木さんが自宅で暮らすのは、限界が来ていた。できる限り早く、施設に入居し、医療や介護を十分に受けなければならない差し迫った状況だった。

我が家を離れる日

引っ越しの日――。体調が少し回復したある日、鈴木さんは施設に移ることになった。愛着ある我が家から、六畳一間の施設暮らしへ。家から持ち込んだ荷物は、下着などの衣類と、歯ブラシなど、小さな段ボール箱ひとつだった。

「やっぱり家を離れるのはさみしいね。でも施設にいけば、生活の心配はなくなるから、仕方のないことだね。息子たちには、これ以上迷惑はかけられないし」

新たに暮らす部屋には、ベッドが一つとテレビがあるだけ、シンプルな部屋だった。ベッドサイドには、いつでも職員を呼び出せるコールボタンがついている。

家を出た後、二人の息子は、近所のアパートを借りて暮らし始めることが決まっていた。

地域包括支援センターの杉山さんは、すぐに鈴木さんの生活保護の手続きをした。これで安心とほっとする気持ちになった一方で、なんとか家族一緒に暮らしながら支援する方法はなかったのか、今も複雑な気持ちを抱えていた。

「家族一緒に暮らしながら支援することができればよかったと思います。どうすれば一番よかったのか、今でもモヤモヤしている部分もあります。しかし、鈴木さんの奥さんの時には、世帯分離を拒否する本人の希望があったとはいえ、十分に医療や介護を受けてもらうことさえできなかった。何もできないまま、体調が悪くなっていくことを知りながら支援につなげられなかった。だからこそ、今回、まずは命を最優先に考えれば、世帯分離しかなかったのだと思います」

鈴木さんは施設に入った後、体調を崩すこともあるが、定期的に病院に通うことができるようになった。介護保険の申請も行い、デイサービスにも通い、介護予防にも取り組んでいる。自宅で暮らしていた時に比べれば、食生活も改善され、顔色もいい。しかし、息子と一緒に気兼ねなく暮らしていた下町での懐かしい生活に戻ることはできない。

「新しい暮らしには慣れましたか？」

そう聞いてみると、さみしそうに鈴木さんが答えた。

「生活に困ることはなくなったけど、ここを訪ねてくれる人はほとんどいないし、近所の知り合いにも会えなくなったしね。一日中、一人でテレビを見て過ごすだけで、話し相手もいない、つまらない生活だよ」

鈴木さんの一番の楽しみは、時折、顔を見せてくれる息子に会うことだ。息子たちは、生活に必要な日用品を買いに行ってくれたり、重くて鈴木さんが持てないだろうと、ペットボトルの飲み物を買いだめしておいてくれる、と嬉しそうに話してくれた。

私たちが鈴木さんの部屋を立ち去る間際、鈴木さんはいつまでも見送ってくれた。

「また来てくれよ。一人でいる時間が長いから」

鈴木さんの作り笑いの笑顔が寂しげだった。

〝家族〟という壁

私たちは、これまで、行政だけでなく、地域包括支援センターや社会福祉協議会、NPOなど高齢者の暮らしを支える関係機関の取材を続けてきた。そこで、しばしば耳にしたのが、「家族と同居していることで支援が難しくなる」という矛盾を感じるような言葉だった。本来であれば、一人暮らしにくらべて、家族と同居していることで、互いに支え合い、暮らしは改善するのかと思っていた。しかし、取材を進めていくうちに分かってきたのが、家族という存在がむしろ〝壁〟になって支援の障壁となる現実だった。

よく聞くケースでは、母親の年金を頼って、息子がなかなか仕事を探そうとしないという親子——高齢者を支援する側は、年金で介護サービスを利用し高齢者の暮らしを改善させたいと、介護サービスの導入を勧める。しかし、母親にとっては、いくつになっても、息子は息子。子どもの暮らしを守るためできるだけお金を使おうとせず、母親の方が介護サービスを拒否するケースが多いという。母親に話を聞くと、「なかなか仕事ができないのも、育てた自分が悪いんです」と、自分を責めるように話し、息子のために自分の暮らしを犠牲にしてしまうのだ。こうしたケースを支援しようといくら支援する側が頑張ってもなかなか難しい。

また、働かない子どもが「ひきこもり」になってしまうケースも珍しくない。ある家族を取材すると20年以上ひきこもっている40代の息子を抱えていた。ひきこもりになったきっかけは、就職活動で不採用が続いたことだった。派遣社員の仕事を見つけ、何度か、仕事をしようとしてみたが、面接を繰り返すうちに自信を失い、就職活動さえ止めてしまった。ひきこもってからは、生活費用はすべて親が支払っていた。取材のなかでは、こうした中高年のひきこもりの子どもを持つ、高齢の親の世帯が多くいた。長く家族の課題を抱えている家族ほど、〝家族のことだから話したくない〟と周囲にSOSを求めようとしない。

長年の親子関係も問題を複雑化させている。「ちゃんと教育を受けさせてあげられなかった」「精神的に追い詰められている子どもを支えられなかった」という親の側の後悔の念もあり、周囲の支援の声になかなか耳を貸そうとしない。そうすることで、親子共倒れのリスクが高まっているにもかかわらず、周囲には見えにくく、支援が届かないのだ。

こうした場合、鈴木さんのように命に関わるような緊急事態に対応するために「世帯分離」という選択肢を勧めることがある。現状では、経済的に支援しようとすれば、それ以外に方法がないからだ。自治体の中には、同居したまま「世帯分離」の手続きをとれるようさまざまな制度を駆使して、支援しているところもあるが、多くの場合、家族は離れて暮らすことを余儀なくされる。

一緒に暮らしたいと願う家族が、離ればなれになることでしか、生活を安定させる手立てがないということは、「親子共倒れ」のリスクが広がっている今、制度の限界を露呈していることになるのではなかろうか。

「家族」が一緒に暮らすことが老後のセーフティネットだった、かつての日本。これまで、私たちの社会は、住まいや生活、介護など、老後に必要なセーフティネットの機能を家族に求めてきた。しかし、家族のつながりが弱まり、雇用環境が大きく変わり、医療や介護の負担も増え続けている今、家族に代わる「老後のセーフティネット」の役割をどこに求めていけばいいのか。

親子共倒れの現実を直視し、家族のセーフティネット機能に頼らずに高齢者を支えていくことのできる、新しい支援のあり方を模索していかなければならないのだろう。

「生活困窮者自立支援制度」

これまで、日本の社会保障制度は、高齢者に比べて、若年から中年層の働く世代への支援が少ないといわれてきた。しかし、生活保護受給者のなかには、65歳以下の受給者が増加している。失職をきっかけに「ひきこもり」となり、働くことが難しくなったり、うつ病などの精神疾患を患って休職する期間が長期化し、職場へ戻って働くことが難しくなるなど、結果的に収入を失い、自立した暮らしが困難になってしまうことも背景のひとつにあるとみられている。しかし、働くことへの支援は、失職から早ければ早いほど、復帰の可能性も高いといわれているが、失職者への支援は、雇用保険による失業手当など、経済的な支援の枠組みはあるものの、働く世代の中高年を再就職へ結びつけるための支援は少なく、それを拡充すべきだとして、国はさまざまな施策を打ち出している。

そのひとつとして、国が2015年度に始めたのが「生活困窮者自立支援制度」だ。働いている世代が低所得や失職などで経済的に困窮した場合、生活保護を受ける前に、自立した暮らしを続けられるように支援しようというものだ。

各自治体で、相談窓口を設置して「何に困っているのか」を聞き取り、就職先を探している人に対しては、「就労支援」を、家賃の支払いが困難になっている人に対しては、「公営住宅の斡旋」を、医療費の支払いで困っている人に対しては、「支払いの減免制度を紹介する窓口への橋渡し」などを行っている。

支援するスタッフは、社会福祉士やカウンセラーなどがあたり、法律上の手続きなどが必要になれば、弁護士にも相談できるなど、さまざまな専門職の人が総合力で困難な問題を解決へ導いていこう、というこれまでにない支援の枠組みだ。

相談内容は、仕事の悩みだけでなく、離婚やDVなど家族関係の悩み、借金問題など生活全般におよび、一人が多くの問題を抱えているケースがほとんどだ。そうした相談者には、ケースワーカーが二人三脚で寄り添い、それぞれの分野の専門家につなげながら解決へと向かっていく。

さらに、収入を失い、賃貸住宅を追い出されそうだ、など緊急に対応しなければならない事態の場合には、期限を設けて家賃相当額を支給する制度も用意されていて、その時間的猶予の中で、再就職先を探すなど、問題解決を図っていくこともできる仕組みだ。

東京都内でも熱心に生活困窮者対策に乗り出している大田区で支援の現場を取材した。札幌市の相談窓口と同じように相談ブースが並び、ここを訪れる相談者に個室で相談に応じるスペースが用意されていた。その相談室のそばに就労講習を受けられる部屋が並んでいた。その日は、初心者向けのパソコン教室が行われていた。参加していたのは10名足らずだった。パソコンが使えないという中高年の男性も2名参加していて、キーボードの打ち方を初心者向けに丁寧に教えられていた。こうした講座はすべて無料。パソコンに習熟して就労に役立ててほしいというだけでなく、講座に通ってくることで、家にひきこもらずに外出することを習慣づけてほしいという狙いもある。中高年になって就職面接で不採用が続くと、プライドも傷つき、なかなか就職活動に足が向かわなくなってしまう。こうした人がひきこもってしまい、外出しなくなることを少しでも防ぎたいと考えているという。自治体の担当者に話を聞くと、「ハローワークのように、仕事を紹介するだけでは、再就職することも、自立した生活を取り戻すことも難しいというケースが増えている」という。相談者の「仕事が見つからない」という悩みを詳しく寄り添って聞いていくと、高齢の親の介護を抱えていることで長時間働くことが難しいと悩んでいるケースもある。また、生活が苦しいという相談を詳しく聞き取ると、借金の返済で手元にお金が残らないという理由がみえてくることもある。こうして、ひとつひとつの悩みを聞き取り、それを解消していくことで、働く意欲を取り戻してもらうことから支援しなければ、本当の自立には結びつかない。大田区の担当者は、それでも中高年の失業者をひきこもりにしないために、今、対策が急がれるのだと強調していた。

こうした親を支える子ども——とりわけ高齢の親を抱える中高年の子ども——すなわち働く世代の支援を強化していくことが「親子共倒れ」を防ぐことにつながるので、このような取り組みを前進していくことが求められていくだろう。

親子共倒れを防ぐために

前述のように、親子共倒れの危うさは「周囲が把握しにくく、本人も〝家族のことだから〟とSOSを発信しない」ことにもある。そのため、支援が必要だと周囲が気付いたときには、すでに共倒れが避けられない深刻な事態に陥っているケースが多い。どうすれば、早い段階で積極的に支援できるのか、難しい課題だ。

家族の問題に、部外者が介入することは本来、難しいのだが、親子共倒れを防ぐためには、ある種の〝おせっかい〟に近い、積極的な介入が必要なのではなかろうか。

そうした家族の「壁」を越えて、介入していく支援を可能にするには「地域力」が不可欠だ。まずは、リスクのある家庭を把握すること――そこにさまざまな地域の力を集結させ、連携させることで可能にしている地域もある――だが、これも大仕事だ。いったん別居していた親子が再び同居をしたケースでは、たまの訪問だけでは把握しにくい。しかし、人の出入りや、庭の手入れなどの目で見て分かる変化、大声が聞こえる、食べ物をたくさん買い込んでいるなど、暮らしの様子に気付き、地域の人が包括支援センターに相談に行くなどすれば、支援者たちは、各家庭に訪問ができるだろう。そこで、共倒れを早期に防ぐことも可能なのではないかと思うのだ。

しかし、こうした地域とのつながりは、元気なうちには「わずらわしい」と感じる人も少なくないだろう。生活に不安があっても、たとえ「見守り」のためであっても、周囲から見られることを嫌う人もいる。しかし、人とのつながりを持つことは本来、「面倒くさいもの」であったはずだ。その面倒くささを乗り越えて、つながりを作ろうと思えるかどうか——もちろん、つながりを持たない自由もあるわけだが——そうした、地域のおせっかいの積み重ねが親子共倒れを未然に発見し、防ぐことにつながる力になる可能性はある。そして、親子共倒れだけでなく、あらゆる世代の孤立を防ごうと「地域力」の結集に乗り出した地域は少なくない。そうした動きが、今は誰にも気づかれずに放置されている「支援の行き届かない親子世帯」に必要な支援を行き渡らせることにつながると期待されている。人と人との距離感を変える時期に来ているのではないだろうか。

親子が同居している世帯が、いずれ親も子も高齢者になっていき、家族全体が共倒れしかねないリスクを抱えてしまうケースも出始めている。中高年の子ども世代への支援を今こそ見直していかなければ、親子共倒れによって老後破産が親から子へと連鎖し、問題は深刻化していくことも予想される。老後破産の連鎖を断ち切るための対策は待ったなしの状況だ。

〝就労〟がもたらした「日中独居」

第五章

高齢者の「日中独居」

非正規の仕事に就く子どもの場合、収入が少ないと親の年金を頼って暮らさざるをえない。しかし、年金にも十分な余裕がない場合、働く世代の子どもは必死で収入を増やそうとする。親の介護があっても、仕事をしなければ暮らしていけない家族も多い。しかし、仕事のために家を空ける時間が長くなると、親を家に残したまま目が行き届かなくなる時間帯が生まれてしまう。それが、これまでのケースで何度も問題になった「日中独居」だ。さらに、一人暮らしの高齢者に比べて、同居家族がいると、見守りの対象にならなかったり、支援が受けにくくなったりするため問題が深刻化しがちだ。高齢者を支援する地域包括支援センターや訪問介護ステーションなどでは、「日中独居」の家庭では、たとえ同居する子どもがいても、一人暮らしの高齢者と同様に、支援が必要だと指摘され始めている。

一方、日中独居の世帯では、子どもの側は高齢の親を一人にして働くことを申し訳ないと思いながら、それでも生活のために働かざるを得ないという人がほとんどだ。そして親も、子どもが働いているのは家計のためだと分かっているので多少の不便や不安があっても口に出すことはない。必死で働いて、家に戻っても介護に追われる中高年の子ども世代の多くは、親子共倒れの危機と隣り合わせの中で、いつ破綻するのかと怯えている。ある家族の取材で見えてきたのは、「働いても、働いても、先の見えない介護生活。いつか共倒れが避けられなくなるのではないか」という現実だった。

見えにくくなる家族と高齢者の課題

高齢者を介護サービスなどで支援する現場では、急増する一人暮らしの高齢者への対策だけで精一杯だ。国の調査では、一人暮らしの高齢者は、すでに600万人を超えている。一人暮らしの高齢者は体調が急変しても自力で助けを呼ぶことができずに病状を悪化させたり、場合によっては命に関わる危険を招いたりすることもある。周囲が気がつくことができないまま孤立死するケースも増え続け、社会問題化している。そうしたことを防ぐため、自治体や地域包括支援センターは、一人暮らしの高齢者や高齢者だけで暮らす世帯（高齢の夫婦、高齢の兄弟姉妹など）を対象に自宅を訪問してさまざまな相談に応じる「見守り活動」を進めている。

高齢者の孤立防止などに積極的に取り組んでいる横浜市鶴見区の「うしおだ介護支援セ

ンター」。ここでは300人近い地域の高齢者世帯の支援を行っていて、ケアマネージャーが担当しているが、1人が受け持っている高齢者は30人ほどに上る。ケアマネージャーの仕事は多岐にわたるため、かなりの繁忙さだ。ケアマネージャーは、担当する高齢者の体調や病気の具合、認知症の程度などを勘案し、どのような介護が必要なのか、ケアプランを作成する。1週間ごとに、食事や入浴、掃除、デイサービスなどの介護サービスを組み合わせ、自宅で暮らし続けるための支援を進めているのだ。

この地域でサービスを受ける300人のうち、家族と同居している高齢者は、200人ほどに上る。しかし、家族と同居していても、ほとんどの時間を一人で過ごしている人も少なくない。介護支援センターのセンター長、佐々木千春さんは、家族と同居している高齢者の場合、支援が難しいケースが増えているという。

「家族と同居している高齢者の方でも、入浴などの訪問介護サービスを受けてもらうためにケアマネージャーが訪問してサービスを勧めたほうがいいケースはたくさんあります。しかし、ご家族と同居していると、サービス費用がかかることで家族に迷惑がかかるから、と高齢者の方がサービスを受けようとしないケースも少なくありません。逆に、娘さんや息子さんができる限り自分たちで親の介護を頑張ろうとしてしまい、介護が重荷になって家族がギクシャクしたり、深刻になると虐待が起きてしまうなど追い詰められてしまうケースもあります。こうした場合、なかなかこちらから無理に介護サービスを導入するというのは難しいのです」

さらに、最近増えているのが費用の面で介護サービスの利用をあきらめてしまう家族だそうだ。介護サービスの費用は、親が寝たきりになるなど、介護の必要度が増すほどに高額になる。親から目が離せなくなり、仕事との両立が難しい人ほど、サービスの負担も大きくなってしまうのだ。サービスを増やすには、働く時間を増やすしかなく、働く時間を増やせば、自分で介護できる時間が短くなる――子世代はこうしたジレンマの中で、難しい選択をしながら、親との同居を続けている。

介護離職者が年間10万人という今、誰にとっても他人事ではない「親子共倒れ」の現実――親の介護のために離職すれば収入が途絶え「共倒れ」の恐怖に怯えることとなり、復職して収入を得ようとすれば「日中独居」を招くことになる。そうした選べない選択を突きつけられ、働くことを選んだ「日中独居」の家族の現実を取材した。

うしおだ介護支援センターが担当している田中さん（仮名）の家族を訪ねた。住宅街の一角にある一戸建ての二世帯住宅で、76歳の母親を、仕事を持っている娘が介護している。小学3年生の娘の子育てもあり、てんてこまいの日々だ。担当ケアマネージャーによると田中さんの母親、富子さん（仮名）は要介護3。歩行器や杖などを使えば歩くことができるが、認知症で徘徊などの症状もあって目が離せない状態だ。いまは、週3回、1時間ずつ自宅で介護サービスを受けながら生活をしている。

初めて田中さんの家を訪ねた時に迎えてくれたのは、娘の田中好子さん（仮名）だった。第一印象は元気のいい人。50代の年齢を感じさせず、若々しくて、笑顔いっぱいの女性だった。

「私なんかの話でいいのかしら」と言いながら、好子さんは居間に通してくれた。その隣の部屋には、好子さんの母親の富子さんがベッドに座っていた。富子さんも突然の訪問にもかかわらず、「こんにちは」と朗らかな表情で迎えてくれた。

「親の介護をしながら、働き続けることがどういった面で苦労があるのか、お話を聞きたいんです」

そう切り出すと、好子さんは質問が終わらないうちから「そうそうそう」と急《せ》くように相づちを打ち、堰《せき》を切ったように話し始めた。

「母の認知症の症状も今は、だいぶ落ち着いていますが、認知症だと分かった2年ほど前は、目を離すと徘徊をしてしまったり、時々大きな声を出したりと、目の離せない状況でした。でも、子どももいて、子どもの将来のためにも仕事を辞めることはできなかったんですよね。今も働きに出るときには、母のことを思うと後ろ髪をひかれる思いです」

好子さんは、パートやアルバイトを掛け持ちして家計を支えている。3時起床、早朝、まだ暗いうちに朝刊配達の仕事へ向かう。配達を終えて7時に自宅に戻ると、子どもと母親の朝食を作る。学校へ子どもを送り出すと次の仕事場であるスーパーに向かう。そして、4時間ほどパートタイマーの仕事をこなし、午後3時過ぎにいったん家に戻ってきて、母親の介護。そしてゆっくり座る暇もないまま、夕刊の配達に出かける。戻ってきたら夕食作り、と寝る瞬間まで働きづめの毎日だ。よく身体を壊さないものだと思うぐらいの生活をずっと続けてきている。ここまで働くのには、理由がある。住宅ローンの返済だ。二世帯住宅を建てた借金を返すため、毎月20万円以上も返済しなくてはならず、生活費の一部を母親の年金に頼っている。今は無理を重ねても、早く借金の返済を終えて、母親の年金に頼らなくても生活していけるようにしたいと思っているのだ。

「自分の体が動くうちに、できるだけ働きたいんです。母がもっと高齢になってくれば、一人で歩けなくなったり、食事がとれなくなったりして、仕事を辞めてそばに付いていなくてはならなくなるかもしれません。何が起きるか分かりませんからね。そのためにも、できるだけ働いて貯えておきたいんです」

それにしても、働きすぎで見ていて心配になることもある。そんな好子さんを心配しても、逆にこちらが元気をもらってしまうような強い人だ。そんな好子さんが涙を流す場面を見たのは、父親の話をした時のことだった。

仕事の留守に亡くなった父

居間の隣にある母親の富子さんの部屋には、ベッドの横に仏壇がある。その仏壇には、好子さんの父であり、富子さんの夫、康男さん（仮名）の遺影がおかれていた。家族思いだった康男さんは、好子さんに子どもが生まれた時には手放しの喜びようで、孫を可愛がることが生きがいだった。そんな康男さんが脳梗塞で倒れたのは3年前。発作を起こす前は元気だった康男さんの生活は一人では何もできなくなり、家族の生活も一変した。

脳梗塞で緊急入院した康男さんは、意識が戻ったときには、自分で体を起こすことも、寝返りをうつこともできない寝たきりの状態になっていた。呼びかけに応じることはできても、話すことはできなかった。そんな父親の様子をそばで見ていた娘の好子さんは「頑張って、父を支えよう」と強く決意した。

しかし、康男さんが退院する日が近づき、好子さんは自宅で父親を介護することができるのか、不安が大きくなっていった。康男さんは、寝たきりの状態で身体をほとんど動かせず、食事も経管栄養で管を通して液体を入れなければならない状態だった。それだけでなく、数時間おきに寝返りをさせたり、痰の吸引を行ったりするなど、家族だけで介護することが難しい状態だったからだ。好子さんは「療養型の病院で入院を継続するのか、それとも、自宅で介護をするのか」二つの選択肢の間で気持ちが揺れ続けた。結局、父親のことを思えば療養型の病院に入院してもらったほうがいいと思うようになった。

しかし、療養型の病院という選択肢はすぐに不可能だと分かった。病院のソーシャルワーカーに相談している時に、療養型の病院へ移りたいと伝えると「毎月20万円近くの費用がかかる」と知らされたためだ。家のローンや子どもの教育費だけでもやっとという状態で、さらに20万円もの医療費を毎月、払い続けることは到底、できなかった。

「費用が20万円近くかかると言われたときは、目の前が真っ暗になったような気がしました。どれだけ頑張っても無理だなと思ってしまって。父の状態もいつ良くなるのか分からない。どれだけ入院が続くのか分からない。回復の時期の目途があれば、そこまではなんとか頑張って費用を支払ってと思うこともできますが、介護は先が見えないんです。いつまで負担が続くのか分からない状況で、療養型の病院を選択することはできませんでした。それなら、父が大好きな自宅で、介護をしようと決めました」

好子さんは、自宅で介護をするために、介護用のベッドをレンタルしたり、痰の吸引の方法を教わったりと、介護の準備を進めた。うしおだ介護支援センターのケアマネージャーは、頻繁に田中さん宅を訪問し、訪問介護、訪問看護を組み合わせる計画を立て、緊急の場合の通報システムを導入するなどして態勢を整えていった。

いよいよ父親の康男さんが退院して自宅に戻ってきた。好子さんは、想像以上の大変さに、まず打ちのめされた。父親の医療費や介護費用の支払いのために、仕事を続けるしかなかった好子さんは、それまで以上に無理を重ねていった。朝刊と夕刊の配達を続けながら、昼間は、父の介護。そして、深夜にアルバイトを掛け持ちしていた。寝る時間を惜しんで、夜間に働くことを決めたのは、昼間に留守にすると認知症の母親と寝たきりの父親が二人きりになってしまうからだ。せめて二人が寝ている時間に働こうと、昼間を介護の時間にあて、夜になってから働きに出ていたのだ。さらに、朝刊や夕刊の配達で留守にする時間帯など、訪問介護ヘルパーに1回1時間ぐらいずつ来てもらっていた。しかし、それでも、一日に数時間、母親と父親の二人きりになってしまう時間があった。

「仕事を辞めてしまえば、家族みんなで共倒れになるしかありませんからね。子どももいるし、それだけは避けたかった。自分が頑張ればなんとかなる。何とかしなければ、って思いましたけどね、本当に厳しかった。こんなに大変だとは思わなかったです」

好子さんは、ほとんど寝ることもできず、体力的にも精神的にも追い詰められていった。そんな生活が1ヵ月近く続いた頃のことだった。

好子さんは、いつも通り、夕刊の配達に出かける準備をしていた。「行ってくるね」と声をかけながら父親の康男さんの様子を見ると、いつもと変わりのない穏やかな表情で寝ているようだった。しかし、配達を始めてしばらく経った頃、携帯電話が鳴った。

「発作を起こしたので、急いで帰ってきてください」

ヘルパーからの知らせで慌てて自宅に戻った。しかし、間に合わなかった。すでに息をしていない父親の姿と対面することになったのだ。

「家を出るときには、息をしていたんです。いつもと変わりない様子で。だから安心して、家を出たのに、帰ってきたら冷たくなっているなんて……」

好子さんの目からたくさんの涙があふれていた。父親の死を思うと、後悔の気持ちが消えることはないのだという。

好子さんが、今も忘れられない父の姿がある。在宅介護か、施設入院かの選択で悩んでいたとき、「家に帰りたい？」と聞くと、大きくうなずいたことだ。二世帯住宅を建てたとき、誰よりも孫や家族と一緒に暮らせることを喜び、家で過ごすことが好きだと言った父。最期を自宅で迎えたことを父は喜んでくれたのだろうか——答えのない問いを今も自問し続けている。

働きながら介護する家族の苦悩

仕事と介護の両立――それは、一言では片づけられないほど大きな負担を伴う。介護休職の制度が備わっている正社員の職場であっても、働きながら介護を続けることは負担を伴うが、仕事を休んだりできないパートやアルバイトの仕事は尚更、大きな負担を背負うことになる。「仕事を辞めて介護に専念すればいい」という選択もあるが、収入が断たれれば暮らしが成り立たない。

訪問ヘルパーや、デイサービス、ショートステイなどの介護サービスを利用しながら、働くという人もいる。しかし、その介護サービスの費用を支払うことが経済的に厳しくなれば、仕事を減らして自分で介護をするしかない。そうなると、さらに収入が減ってしまい、悪循環に陥ってしまう。

国は「介護離職ゼロ」を目指す方針を掲げている。それを可能にするためには、働きながら介護をしている家族に対して、介護サービスを利用しやすくしたり、休職などの制度を充実させたりするなど、より重層的に支援の枠組みを見直していく必要があるのは間違いない。

うしおだ介護支援センターが担当している「家族と暮らす高齢者世帯」は200世帯、その中で目立って深刻になっているのが「介護サービスを受けたくても、生活が苦しいため費用が払える分しか受けられない」という世帯の急増だ。こうした世帯に、まさに「親子共倒れ」の危機がすぐそばにまで近づいているということをこれまでの取材で見てきた我々は、その家族を紹介してもらうことにした。

在宅介護を支援する「ヘルパーステーションうしおだ」の担当者の訪問介護に同行させてもらうことになった。訪ねたのは、横浜市のアパートで暮らす、橋本さん（仮名）親子だ。2階建てのアパートの1階にある自宅へ伺った。「こんにちは」、ドアの外から声をかけ、ノックして、しばらく待つとドアが開いた。

「こんにちは。狭いところですけど、どうぞ」

迎えてくれたのは47歳になる息子の浩二さん（仮名）だ。6畳ほどの部屋2間のアパートは家具で隙間なく埋められていた。玄関を入ると、台所があり、その向かいの部屋に介護用のベッドがおいてあった。そこで横になっていたのが83歳の父親の剛さん（仮名）だった。

「こんにちは」と挨拶をすると、剛さんも布団から顔を出して、挨拶を返してくれた。息子の浩二さんの話では、ほとんど一日中、ベッドで過ごしているということだった。剛さんの介護の必要性を示す要介護度は、5段階のうち重い方から3番目の「要介護3」。つかまり立ちをしながら、何とか一人でトイレに行くことなどはできるが、買い物に出かけるなど、一人で外出することはできない。入浴や食事の準備などの身の回りのことも、一人ではできない状態だった。

家具に囲まれた部屋の中で唯一、隙間があるのが剛さんの介護用のベッドの脇のスペースだ。ようやく二人が座ることができる隙間に浩二さんと向かい合って座り、話を聞いた。

「介護をしながら、働き続けるのは大変なのでしょうね？」

「金銭的な問題が一番大変です。仕事で私が留守にするとき、父親のことが心配なのでデイサービスに父親を預かってもらったり、ヘルパーさんが訪問してくれる時間を増やしたくても、費用がこれ以上かかると払えません。仕事を辞めれば自分で父の介護をすることはできますが、そうすると生活できなくなってしまうんです」

浩二さんは、警備会社の契約社員として働いている。介護休暇を取得する制度はあるが、休めば給与が減るため、休暇をとることはできない。さらに、警備の仕事は不規則で、泊まり勤務や夜勤、出張もあるため、長く父親を一人にしておかなければならない。

「泊まり勤務で、家を空けていたときに、トイレに行こうとした父が廊下で倒れていたことがあるんです。一度、倒れてしまうと自力では起き上がることはできないので、私が帰るまで倒れたままだったんですよ。そういうことがあっても自力で助けを呼ぶことができないことが分かって、それ以来、ずっと不安です」

剛さんは、一人でトイレまで数メートルの距離を歩いていくだけでも大変だ。ベッドから起き上がると、ベッドの柵に寄りかかって立ち上がり、両手で壁づたいに、トイレまでゆっくりと歩いて進む。剛さんが転倒してしまった日は、浩二さんは泊まり勤務で、夜帰ることのできない日だった。夜中、トイレに行く途中で転倒してしまった剛さんは、倒れたまま身動きがとれない状態になっていた。その時は命に別状はなく事なきを得た。夜勤の夜、夏は熱中症を心配し、真冬は寒さで急な発作に見舞われないかと心配が絶えないという。

浩二さんが働いて家を留守にしている間、剛さんは、週に2回のデイサービスと、週に4回、1時間ずつの訪問介護サービスをうけている（図6・ケアプラン）。その介護費用は、月に2万6000円で払える限度額ギリギリの負担額だ。経済的に余裕があれば、剛さんの状態であれば、デイサービスの回数を2回から3回に、さらに訪問介護サービスも増やすことができる。しかし、経済的に余裕がないことが原因で介護サービスを増やすこ

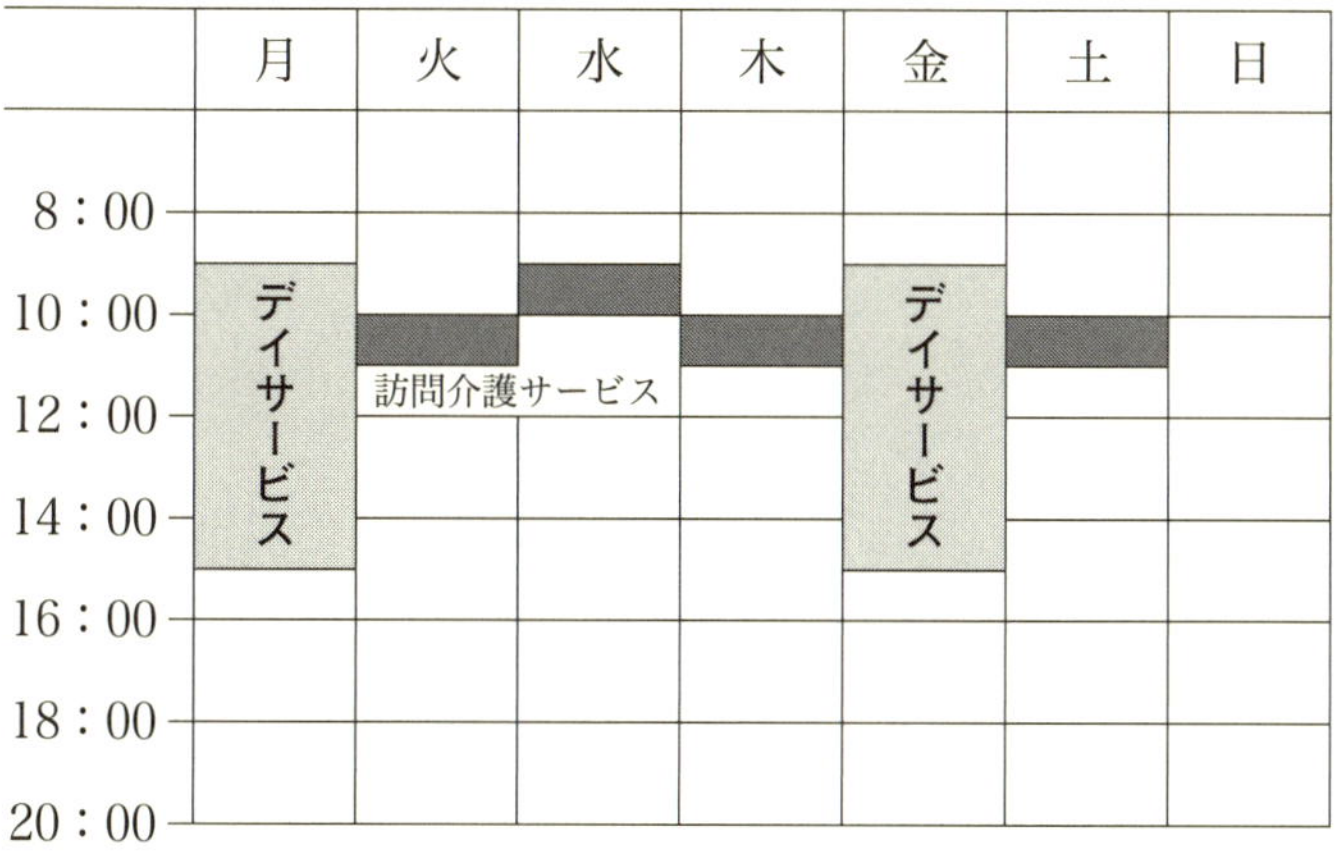

図6　橋本さんのケアプラン
※デイサービスは9：00〜15：00　訪問は1回1時間

とができないのだ。介護サービスを増やせば、剛さんが一人きりで過ごす時間を減らすことができる。仮に介護サービスを増やすために、収入を増やしたいと思えば、仕事の時間を増やすしかないため、結果的に留守の時間も多くなり、一人の時間も増えてしまう――出口のない迷路に迷い込んだように、解決の糸口を見いだせずに過ごしているのが現実だ。

「シングル介護」で疲弊した息子

浩二さんの母、佐知子さん（仮名）は、4年前に病気で亡くなった。浩二さんと父親の暮らしが追いつめられていった理由のひとつが、長期間続いた母親の介護だった。

浩二さんは、高校卒業後、旋盤工場の正社員として働いていた。しかし、40歳のころ会社が倒産。それまでは、月収が30万円近くあり、生活に困ることはまったくなかったが、40歳を過ぎてから再就職先を探すのは簡単ではなかった。結局、派遣社員として、工場で勤務することになった。このころ、母親の佐知子さんが病気で入退院を繰り返すようになっていった。派遣社員の立場で、母親の入退院の度に仕事を休むことが難しくなった浩二さんは、仕事を辞めざるを得なくなった――介護離職だった。そうして収入が途絶えてしまった後、母親がまた総合病院に入院することになった。運悪く大部屋が空いていなかったため、やむなく個室に入院。すると、1日単位でかかる個室料金が医療費に上乗せとなり、さらに重くのしかかった。

こうして2年近く入退院を繰り返した佐知子さんは、闘病の末、帰らぬ人となった。浩二さんは、どんな時も優しかった母のために、と最期までそばで看病を欠かすことはなかった。大切な母をきちんと見送りたいと、葬儀をとりおこなったことで出費がさらにかさんでいった。

母親の医療や介護などにかかるお金は節約できるものではないと、浩二さんは、このとき200万円近い借金を背負うことになった。その返済が今、浩二さんの負担となっている。警備会社の契約社員として毎月17万円の収入があっても、家賃の支払いや借金の返済で差し引かれると、ほとんどお金が残らない状態なのだ。

高齢者福祉の現場では、浩二さんのように親の負担をたった一人で背負う子世代を「シングル介護」という言葉で問題提起している。かつて、親の介護は、その子どもや配偶者、兄弟などの家族で分担することで負担を分散させてきた。しかし、いま兄弟が少なく、未婚や離婚で家族を持たない中高年が増えているため、一人で親の介護負担を背負う「シングル介護」が広がっているのだ。浩二さんもそうしたケースだった。経済的な負担はもちろん、介護をすることは体力的な負担も伴う。「シングル介護」が広がっているという状況は、「日中独居」の高齢者を増やす背景にある要因であるとともに、老後破産のリスクを高める要因にもなっているのではないだろうか。

「父の病院に付き添わないと……」

橋本さんの取材を始めてから数週間後、父親の剛さんが白内障で入院することになった。外出するには車いすを使わなければ移動が難しい剛さんを病院に送り迎えするのは、息子の浩二さんだ。ベッドから起こし、玄関の外に準備してある車いすまで、剛さんを抱えながらゆっくりと進んでいく。そうして車いすに乗せると、車まで車いすを押して移動するが、今度は車いすから車に乗り換えるのも大変だ。こうした病院への送り迎えをヘルパーに依頼することも可能だが、やはりお金がかかってしまう。そのお金を支払う余裕がないため病院への送り迎えがあるときは、浩二さんは仕事を休む。どうしても休めないときは泊まり勤務のあと、早朝に帰宅し、寝ないですぐに父の病院に付き添うこともあるそうだ。

病院に到着し、入院の手続きを行うと、窓口で入院費用として3万円の支払いを求められた。毎月の医療費に加え、こうした突然の出費は大きな負担だ。しかも、入院のために仕事を休み、収入が減っているため家計に大きく響くという。

「病院への付き添いが必要な日は、仕事を休まないといけません。日当で給与がきまるので、働く日が減ればそれだけ給与は減ってしまいます。医療費はかかるのに、給与は減る。かといって、ヘルパーやほかの人の助けを借りようとすると別に費用がかかってしまう。むずかしいですね」

白内障の手術は無事に終わり、2日後に退院となった。そのとき病院に迎えに来るのも、浩二さんだ。退院後は、手術を受けた目に一日に3回、目薬を点眼しなければならなくなった。浩二さんは仕事に行く前に点眼し、帰ってきてからすぐに点眼を欠かさずに行う。残りの1回はヘルパーに任せることはあっても、できるだけ介護は自分でしてあげたいという気持ちを持っているからだ。

そんな浩二さんの一番の心配は、今後の父親の状態がさらに悪くなった時に、今の自分の生活の中で支えきれるのかということだ。現状では、浩二さんが留守にしていても、かろうじて一人でトイレに行くこともできるし、食事をすることもできる。だが今後、病気を患ったり、寝たきりで目が離せない状態になってしまうことを心配していた。これ以上、負担が増えれば、〝共倒れ〟が避けられないのではないか——不安は増すばかりだった。

「これからの暮らしが一番心配ですね。今の父は、一人でできることもあるので、自分が働きに出て、収入を得ることができますが、今後状態が悪くなれば仕事を辞めざるをえなくなるかもしれません。そうなると、収入は一気に下がってしまうし、父の年金だけでは、家賃を支払っていくこともできません。いつまでこの場所で一緒に暮らすことができるのか。不安をあげればきりがありません」

息子の浩二さんは、仕事帰りに、父親のための食材を買って帰るのが日課だ。しかし、自分の食事といえば、100円ショップで購入したレトルトのカレーばかり、できるだけ切り詰めている。家計を支えるために、深夜勤務や泊まり勤務が続くこともあるが、自分の身体のことを振り返る余裕などない。しかし、浩二さんも20年後には老後を迎える。親子共倒れの構造的な課題——老後破産の連鎖が続いてしまうという深刻な問題について、考えさせられた。かつて浩二さんは、安定した収入の得られる正社員の仕事に就きたい、と思っていた。しかし、今は違っている。時給で働く職場だからこそ、父親の体調に合わせて融通をきかせて休みをとることができているためだ。介護が必要な親と「シングル介護」で支える子どもが、寄り添って暮らすケースが増えている現状——その暮らしを守るために私たちは、今、立ち止まって考えるべきではないだろうか。団塊世代が高齢者の仲間入りをした今、非正規で働く団塊ジュニア世代が親を支えきれるのか——こうしたケースが急増する可能性も指摘されている。支え合って暮らす家族が「共倒れ」に陥らないために、制度の見直しを提起する一方で、私たちの社会が何をできるのか、考えていくべきなのだろう。

「家事援助」の介護サービスの盲点

家族が働きながら介護をするためには、公的な介護サービスを活用する人は多い。働いている子どもが留守の間、食事を作ってくれたり、入浴の介助をしてくれるなど、ヘルパーが家族に代わって介護にあたってくれるサービスだ。しかし、一人暮らしで頼る家族がいない高齢者に比べると、同居する家族がいる高齢者は介護サービスが利用しにくい側面があることも指摘されている。中でも、掃除や買い物、食事の準備などの「家事援助」の介護サービスは、家族にやってもらえるからという理由で、制度上なかなか利用しにくいのだ。一人暮らしの場合、ほとんど寝たきりの状況であれば、買い物に行くことや、掃除をすることは難しいと判断され、家事援助のサービスをフル活用することができる。もちろん、家族と同居していても、家族の留守の時間が長い「日中独居」の状態であれば、家事援助のサービスを利用することはできる。しかし、それでなくても人手不足が深刻な介護の現場では、一人暮らしのお年寄りは原則として家事援助サービスを受けられても、同居している家族が家事ができる状態であれば——できる状態か、できない状態かの判断は難しいところだが——家事援助の介護サービスの利用が事実上、難しくなるのだ。

ケアマネージャーとして介護現場で働いた経験もあり、社会福祉が専門の淑徳大学教授の結城康博さんに話をきくと、介護現場の急速な人手不足と繁忙感から家族と同居する高齢者に家事援助のサービスの導入が難しくなっている現状が確かに広がっているという。さらに深刻なのは、自治体によっては家族が同居していると、家事援助サービスがほとんど使えないと判断されてしまうため、問題だと指摘した。家族と同居していても、家事援助が必要だと判断し、介護計画（ケアプラン）に盛り込む場合、個別の状況を詳しく聞き取り、家族がなぜ家事をすることができないのか――たとえば週に何日、朝何時から夜何時まで働いているのか、など各家庭の状況に合わせて、どの程度の家事援助サービスを行うのか、プランニングしなくてはならない。ケアマネージャー一人で、たくさんの高齢者を担当していて手が回らないことがその大きな理由だと結城教授は分析していた。

「親子共倒れを地域で防げ！」

「日中独居」の問題を可視化し、その対策に取り組んでいる地域がある。埼玉県の東部、東京への通勤圏として住宅開発が進んだ幸手《さって》市だ。幸手市では、親子が同居していても「日中独居」の状態にある世帯が急増しているという調査結果を受け、地域のあらゆる組織が連携して新たな取り組みを進めている。

そうした取り組みのひとつが、その名も「幸せ手伝い隊」だ。掃除や、ゴミ出し、買い物など介護保険のサービスでいえば「家事援助」にあたるものをボランティアが安い費用で請け負ってくれるという取り組みだ。家族と同居していても、留守中に不安があれば利用ができる。介護サービスを受けていなくても、ちょっと買い物だけは頼みたい、といったような人にも気楽に利用してもらえるため、利用者は広がり、すでに300人が登録している。

利用者は、1回350円を支払い、お手伝いをするボランティアは、1回あたり250円の地域通貨、すなわち地元の商店街で使える商品券を受け取ることができる。差額の100円は制度の運営費にあて、一過性の取り組みで終わらないよう、スタッフが登録者のケアなどにも取り組んでいる。

息子と同居しているため、介護サービスは受けていないという渡辺登代子さんは、この「幸せ手伝い隊」のサービスの愛用者だ。渡辺さんの息子は早朝から深夜まで働きに出ているため、日中は長時間、一人で過ごしている。取材時点で、渡辺さんは介護サービスを受けていなかった。そのため、日中に訪ねてくる人は少ない。真夏には、一人でいるときに急に体調を崩し、立ち上がれなくなってしまうということもあった。そこで、利用し始めたのが、「幸せ手伝い隊」だ。重い荷物を持てないので、代わりに買い物に行ってもらうサービスなどを利用している。実は、渡辺さんにとって、買い物をしてくれること以上に助かっているのが、ボランティアが定期的に様子を見に来てくれるようになったことだ。ボランティアも近所で暮らしているが、これまで交流はなかった。しかし、このサービスをきっかけに親しくなり、犬の散歩のついでなどに渡辺さんの様子を見に来てくれている。

「買い物に行ってくださるのも助かりますが、それ以上に、近所の人とつながるきっかけができたことをうれしく思っています。これまで一人で過ごしていることに、多くの不安がありましたが、いまではボランティアの方がちょくちょく様子を見に来てくれて、安心しています」

この取り組みの重要なポイントの一つが、ボランティアで支える側にあたっているのも高齢者という点だ。地域に眠っている力を活用するだけでなく、ボランティア活動を通じて、地域とつながりを作ることが将来の孤立防止につながってくれる力になるというのだ。

高齢者の暮らしを家族だけで支えることが難しく、介護サービスの利用にも限界がある中、地域全体で互いに支え合おうという幸手市の取り組みに全国から注目が集まっている。

こうした取り組みを通じて、住み慣れた地域で暮らし続けたいという高齢者の願いを叶えることにつながってくれるのではないか——将来への希望が見えた取材になった。

そして今、私たちはこの幸手市で新たな取材にとりかかっている。高齢者を支えるために、高齢者世帯の実態調査を詳細に進める中で新たな課題が浮かび上がってきたためだ。

それは、団塊世代の抱える問題だ。親子共倒れのリスクを調査しようと、戸別訪問調査を進めていった結果、団塊世代（65歳～69歳）は、80代後半以上になる高齢の親の介護負担というリスクを抱えている世帯が多いことが分かってきた。自ら高齢者でありながら、親の介護負担を背負っているのだ。さらに、団塊ジュニアは、戦後、もっとも就職が厳しかった氷河期世代で、今も非正規労働など安定した収入が得られない人が少なくない。40代半ばの団塊ジュニアが自立せずに親に頼って暮らしていることも、団塊世代のもうひとつのリスクとして浮かび上がってきたのだ。こうした2つのリスクを同時に抱えているケースでは、年金に比較的余裕があっても、老後破産のリスクが避けられない状態であることも分かってきた。

日本の総人口の約5・5パーセントを占める664万人の団塊世代に起こりつつあるリスクは、数のインパクトの大きさから、日本社会全体を揺さぶるリスクに直結する深刻な問題だ。「自分や家族は大丈夫だから関係ない」では、日本に住んでいる限り済まないのだ。

親子共倒れが3世代にわたって連鎖しかねない「団塊世代」の課題——私たちは、今、その取材に走り出している。

おわりに

２０１５年2月、当時ＮＨＫ札幌放送局に勤務していた私のもとに、本書の「はじめに」を執筆した嶺洋一と、ＮＨＫスペシャル『老後破産』プロデューサーの板垣淑子から電話があった。

「『老後破産』の続編を企画している。テーマは〝親子共倒れ〟。実は札幌郊外の団地で、気になる報告が相次いでいる。非正規労働の増加と介護離職が、大変なことになっているようだ。一緒に取材しないか？」

私はすぐにディレクターの三隅吾朗を取材チームに投入し、走り始めた。〝親子共倒れ〟というテーマを聞いて、リーマン・ショック以降ずっと気になっていたことが頭の中で〝繋がった〟と思ったからだ。

ちょうど10年前、私はＮＨＫスペシャル『トヨタ　世界一への条件～グローバル企業の苦闘～』を制作した。当時、日本の製造業は、アメリカの好景気の波に乗り、増産とともに多くの非正規労働者を受け入れていた。しかし2年後、リーマン・ショックが起こり、仕事を失う非正規労働者の問題が顕在化。２００８年の暮れには〝年越し派遣村〟のニュースが伝えられた。彼らの中には、30代後半から40代前半の同世代が多くいた。

２０１０年頃、東京の外資系企業に勤務していた高校時代の親友が、高齢の親の介護のため、フルタイムの正社員から契約社員になった。友人は離婚後、母親をひきとり、家まで建てていた。彼はその後、介護の負担が増え、ほどなく退職を余儀なくされた。あの家のローンは払えたのだろうか……。

非正規のまま年齢を重ね、あるいは事情があって正社員から非正規になり、その後何とか正社員になろうと努力しても、同時に親の介護の問題が壁となる……。〝老後破産〟はまだずいぶん先の話だと思っていたが、〝親子共倒れ〟は、まさに私たち働き盛り世代にとって他人事でない問題だった。「明日は我が身」といえるテーマだったのだ。

ただ、取材を始めると、カメラ取材には難色を示される方が多く（当たり前だが）、ジリジリする日々が続いた。それでも、ディレクターたちは地道に手紙を出し、会ってお話を聞かせてもらい、同じ悩みを抱える人のために現実を伝えたいと交渉を続けた。そのころ、勇気づけられる言葉を聞いた。10歳ほど年下の同僚（女性・ママさん）の一言だ。

「札幌市出身の私の実家の周りには、老親＋無職の息子／娘の世帯がたくさんあります。小さい頃は普通に暮らしていたご近所さんが、ギリギリの暮らしをしているのを目の当たりにしています。本当に身近で起きている大切な問題です――」

やはり多くの人が気になっている。何が起こっているか、データとルポルタージュで現実を真摯に伝え、どうすればよいのか探っていかないといけない、と思いを強くした。

最終的には、安田さん、掛川さん、佐藤さん、鈴木さん（仮名）の勇気あるご協力で、番組は放送に至った。改めて心より感謝申し上げたい。今回、取材にご協力いただいた方々はみな、我慢強く自分たちで何とかしようと頑張ってしまうご家族が多かった。私たち周囲の人間が、少しでも早く気がつき、支援につなげられるよう努力していく必要性を痛感した。

この番組を制作中の２０１５年夏、私は東京に異動になった。そして、引き続き板垣淑子、ディレクターの津田恵香と〝日中独居〟がテーマの『クローズアップ現代』を制作することになった。二つの番組を制作して思ったのは、働く世代にとって、〝親子共倒れ〟は本当に誰にでも忍び寄ることだ。本書にも記述されているが、「親の介護のために離職すれば収入が途絶え『親子共倒れ』の恐怖に怯えることとなり、復職して収入を得ようとすれば『日中独居』を招くことになる」――。なかなか答えの出ない難しい問題だ。おそらくその時になって必死に考えるしかないのだろう。

〝親子共倒れ〟はこの10年、労働の現場や介護の現場で起こっていた様々な問題が、〝家族のあり方〟を揺さぶる事態になっていたことを浮き彫りにした。今後も、少子高齢化が続く日本で、時代と共に新たな課題が出現するだろう。私たちは丹念に、ひとつひとつ問い続けてゆきたい。

執筆者プロフィール

鎌田靖（かまだ・やすし）

１９５７年、福岡県生まれ。81年、早稲田大学政経学部卒業。同年、記者としてＮＨＫ入局。87年、報道局社会部。検察取材などを担当。93年、神戸放送局デスク。95年、阪神淡路大震災の取材指揮。99年、報道局社会部副部長。司法キャップなどを歴任。２００５年、解説委員。『週刊こどもニュース』のお父さんを4年間担当。09年、報道番組『追跡！ A to Z』キャスター。著書に『新しい公共と自治の現場』（共著・コモンズ）、『週刊こどもニュースのお父さんが教えるニュースのことば』（角川学芸出版）、『ワーキングプア 日本を蝕む病』（共著・ポプラ社）、『ワーキングプア 解決への道』（同）など。論文『志ある報道で「発表ジャーナリズム」を超える』（Journalism）。

板垣淑子（いたがき・よしこ）

１９７０年生まれ。東北大学法学部卒業。94年ＮＨＫ入局。報道局制作センター、仙台放送局、報道局社会番組部、スペシャル番組センターを経て、現在、大型企画開発センター。主な担当番組は、ＮＨＫスペシャル『ワーキングプア～働いても働いても豊かになれない～』（２００６

年・ギャラクシー賞大賞）、ＮＨＫスペシャル『無縁社会～〝無縁死〟３万２千人の衝撃』（10年・菊池寛賞）、ＮＨＫスペシャル『終の住処はどこに　老人漂流社会』（13年）、ＮＨＫスペシャル『〝認知症８００万人〟時代　〝助けて〟と言えない～孤立する認知症高齢者～』（13年・ギャラクシー賞選奨）ほか多数。14年には放送文化基金賞個人賞を受賞。

三隅吾朗（みすみ・ごろう）
１９７９年生まれ。立教大学経済学部卒業。日本テレビ系列の制作会社を経て、２０１３年ＮＨＫ入局。札幌放送局報道番組所属。主な担当番組にＮＨＫスペシャル『老人漂流社会～親子共倒れを防げ～』（15年）、ＮＨＫスペシャル『ＴＰＰは日本に何をもたらすか』（15年）、地方発ドキュメンタリー『〝生きた証〟を届ける～北海道遺品整理士の日々～』（14年）、クローズアップ現代『連鎖する〝異常気象〟　地球でいま何が』（13年）、ＮＨＫ北海道　シリーズ戦後70年『北の大地に挑む～〝農業王国〟への道～』（15年）。

津田恵香（つだ・けいか）
１９８２年生まれ。上智大学文学部卒業。２００５年ＮＨＫ入局。名古屋放送局報道番組、『おはよう日本』などを経て、報道局報道番組センター社会番組部所属。主な担当番組にＮＨＫスペシャル『あの日生まれた命～東日本大震災から3年』（14年・ABU賞奨励賞）、NHKスペシャル『老人漂流社会～親子共倒れを防げ～』（15年）、NHKスペシャル『〝認知症800万人〟時代 〝助けて〟と言えない～孤立する認知症高齢者～』（13年・ギャラクシー賞選奨）など多数。

前田浩志（まえだ・ひろし）

1966年生まれ。早稲田大学政経学部卒業。90年NHK入局。大阪放送局、名古屋放送局、報道局『ニュースウオッチ9』、政経国際番組部、大型企画開発センター、札幌放送局を経て報道局社会番組部。主な担当番組は、NHKスペシャル『平成不況 大阪町工場の主たち』（93年）、『訴えられる取締役～急増する株主代表訴訟～』（97年）、『原油高騰 世界市場で何が起きているのか』（2005年）、『トヨタ 世界一への条件～グローバル企業の苦闘～』（06年）、『世界同時食糧危機』（08年）、『自動車革命』（09年）、追跡！ AtoZ『ユニクロは世界で勝てるのか』（10年）、NHKスペシャル『ユーロ危機 そのとき日本は』（11年）、『神秘の球体 マリモ～北海道阿寒湖の奇跡～』（14年）。

嶺 洋一（みね・よういち）

1969年生まれ。北海道大学法学部卒業。NHK入局。函館放送局、報道局スポーツ番組センター、札幌放送局、報道番組センター社会番組部、おはよう日本部、首都圏放送センターを経て、現在は人事局副部長。主な担当番組は、『にっぽん紀行』、『目撃！日本列島』、『特報首都圏』。また、にんげんドキュメント『サンキューありがとう～曙太郎の13年～』(01年)、NHKスペシャル『サッカー・地球の熱情　第3回　ビッグプレー・ビッグマネー～欧州・巨大サッカー企業～』(02年)、にんげんドキュメント『日々これ連敗　競走馬ハルウララ』(04年)、NHKスペシャル『〝認知症800万人〟時代　〝助けて〟と言えない～孤立する認知症高齢者～』(13年・ギャラクシー賞選奨)、NHKスペシャル『巨大災害MEGA　DISASTER　地球大変動の衝撃　第3集　巨大地震　見えてきた脅威のメカニズム』(14年)など。

ＮＨＫスペシャル『老人漂流社会　親子共倒れを防げ』制作スタッフ

キャスター	鎌田 靖
語り	柴田祐規子
音楽	得田真裕
撮影	宝代智夫
照明	伊藤尊之
映像デザイン	山本亨二
映像技術	松島史明
音響効果	小野さおり
音声	土肥直隆
ディレクター	津田恵香
	三隅吾朗
制作統括	板垣淑子
	前田浩志
	嶺 洋一

本表紙撮影：岡田初彦
カバー写真：©photolibrary
©タッケ/PIXTA
装幀：岡孝治

老後親子破産《ろうごおやこはさん》

2016年4月5日　第1刷発行

著　者　NHKスペシャル取材班《しゅざいはん》

発行者　鈴木　哲

発行所　株式会社　講談社

〒112-8001
東京都文京区音羽2-12-21
電話　編集　03-5395-3522
　　　販売　03-5395-4415
　　　業務　03-5395-3615

印刷所　慶昌堂印刷株式会社

製本所　株式会社国宝社

ISBN978-4-06-220034-9